Dieter Fechner

Mühlhäuser Theaterbuch

seit 1600

Verlag Rockstuhl

Impressum

Fotos auf dem Buchdeckel:
Vorderseite:
Spielstätten „Kulturstätten Schützenberg und Schwanenteich"
(Fotos: B. Seyfarth, B. Mahr)
Szene „Der Falke" und Spielstätte Kiliankirche
(Fotos: 3 K und Harald Rockstuhl)
Schüleraufführung von Schillers „Die Glocke" (1905)
(Foto: Stadtarchiv Mühlhausen)
Rückseite:
Workshoppräsentation „Textiles Gestalten" (Foto: 3 K)

1. Auflage 2006

Layout und Satz: Verlag Harald Rockstuhl

Lektorat unter Verantwortung des Autoren

Gedruckt auf alterungsbeständigem Papier nach ISO 9706

Dieses Buch wurde in die Deutsche Nationalbibliografie in der Deutschen Bibliothek aufgenommen. **http://dnb.ddb.de**

ISBN 3-938997-41-9 bis 31.12.2006
ISBN 978-3-938997-41-3 ab 1.1.2007

Verlag Rockstuhl
Lange Brüdergasse 12
99947 Bad Langensalza
Telefon: 03603 / 81 22 46 Telefax: 03603 / 81 22 47

www.verlag-rockstuhl.de

Inhaltsverzeichnis

Besonderen D a n k
spricht der Verfasser allen aus, die ihn bei den Recherchen unterstützten. Das gilt besonders für die Mitarbeiter des Stadtarchives Mühlhausen/Thüringen und die Stadtarchivarin Beate Kaiser, Herrn Peter Dulinski, Frau Ria Nolte, Herrn Bernd Mahr, Herrn Heinz Dieter Tschörtner und Herrn Bernhard Ohnesorge.
Fotos und Bildmaterial stellten freundlicherweise zur Verfügung:
das Stadtarchiv Mühlhausen/Thür., der 3K e. V., Herr Bernd Mahr, Frau Ria Nolte, Herr Frank Schulz, Herr Bernd Seyfarth, Herr Hasso Storck und Herr Mario Weingardt.

Einführung

Unter dem Begriff Theater versteht man gegenwärtig das gesamte Theaterwesen. Nach den darstellenden Künsten unterscheidet man Sprech-, Musik- und Tanztheater und das Theater der Pantomime. Das Theater hat Erziehungs- und Unterhaltungsaufgaben und gilt als moralische Instanz. Es entsteht aus dem spannungsreichen Zusammenspiel mehrerer Künste und der kollektiven Arbeit zahlreicher Künstler. „Theater" wird in seiner ursprünglichen Bedeutung auf das griechische „Theatreon" zurückgeführt. Im ältesten europäischen Theater, dem griechischen des 5. Jahrhunderts v. u. Z., wurde unter freiem Himmel gespielt. Aus einem umherziehenden Chor entwickelte sich eine szenisch gestaltende Tanzgruppe. Erst später wurde das gesprochene Wort Träger der Handlung. In den Jahrhunderten entwickelte sich der Gesamtbegriff für Theater, der den Zuschauerraum, die Bühne und die darstellenden Künste beinhaltet.

Das künstlerische Anliegen des Theaters umreißt Lessing: „Auf dem Theater sollen wir nicht lernen, was dieser oder jener einzelne Mensch getan, sondern was ein jeder Mensch von einem gewissen Charakter unter gewissen gegebenen Umständen tun werde." Shakespeare sah in den Schauspielern den „Spiegel und die abgekürzte Chronik des Zeitalters." Nach Schiller „ ... übernimmt die Schaubühne Schwert und Waage und reißt die Laster vor einen schrecklichen Richterstuhl."

Während der Herbsttagung der Deutschen Akademie für Sprache und Dichtung in Darmstadt 2004 beklagte man den Bedeutungsverlust des gegenwärtigen Theaters. Es scheine „das aufklärerische Quantum des bürgerlichen Dramas aufgezehrt." Als weitere Ursachen nannte man die Konkurrenz durch das Fernsehen und die fehlende Leselust, vor allem junger Menschen. Buch und Theater haben endgültig ihre Leitfunktion an die Bildschirme verloren. Gewalt und Sex sind leichter zugänglich geworden. Theaterregisseure haben oft erkannt, wer Aufmerksamkeit erregen will – und darauf kommt es an – wählt das Extreme. Sie setzen oft nur ihre Visionen in Szene und seien auf den schnellen Event-Erfolg bedacht. Die Teilnehmer der Tagung in Darmstadt plädierten dafür, das Theater müsse als moralische Instanz und literarisches Gedächtnis gegen die Beliebigkeit angehen /1/. Der Theaterkritiker Hans-Dieter Schütt resümierte: „Theater empfinde ich als Gewinn, nicht, wenn ich Wirklichkeit sehe, sondern wenn ich Wirklichkeit in

mir zu erkennen geben muss. Als Schmerz, als Glück, als Aufgabe, als Verlust, als Verlockung." Andererseits heißt es: Die Bühne müsse ein visionäres, kritisches Gesellschaftslabor sein /2/. Das so genannte Bildungsbürgertum früherer Zeiten hat längst den Rückzug angetreten. „Die wachsende Dominanz einer gesellschaftlichen Repräsentationskultur, die ein Theaterstück oder Konzert als angenehme Umrahmung eleganter Smalltalks beim Pausensekt versteht, ist Folge dieser republikweiten Entwicklung." /3/
Das Bonner Zentrum für Kulturforschung legte Ende 2005 eine repräsentative Studie über die Haltung der Deutschen zu Kunst und Kultur vor. In jenem „8. Bonner Kulturbarometer" apostrophierte man, nur 13 Prozent Kultur sei prägend für Bildung und Charakter. Etwa zwei Drittel der über 2 000 Befragten waren noch nie in einer Oper oder einem Schauspiel. Jene alarmierenden Zahlen lassen vermuten, dass die Theaterkunst in der Gegenwart und sicher auch der Zukunft von immer weniger Menschen gebraucht wird /4/. Zu Recht forderten im Mai 2006 die deutschen Theater- und Orchesterchefs zum Abschluss der Hauptversammlung des Deutschen Bühnenvereins in Karlsruhe, dass die musisch-ästhetische Bildung an den Schulen verstärkt werden müsse. Andererseits ringen die Theater um Besucher, um ihre Häuser weitestgehend auszulasten. Das Theater in Rudolstadt hat eine Auslastung von 86 Prozent und bietet billige Karten von 11 bis 12,50 Euro an. Die Preisspannen der deutschen Theater sind gewaltig. Die teuersten Eintrittskarten an der Bayrischen Staatsoper München kosten 240 Euro, die billigsten sind dort für 3 Euro zu haben /5/.

Anmerkungen:

1 *Senft, Werner, I.: Wo bleibt die Moral, wo bleiben die ...", in: TLZ, 23.10.2004*
2 *Schütt, Hans-Dieter: Lob des Unentschieden, in: ND, 04.11.2004*
3 *Hirsch, Wolfgang: Über die Fruchtlosigkeit, Progressives zu wagen, in: Palmbaum, Heft 3/4/2005, S. 92*
4 *Schütt, Hans-Dieter: Das 8. Bonner „Kulturbarometer", in: ND, 03.12.2005*
5 *Adrians, Frauke: 1-Euro-Shakespeare, in: Thür. Allgem., 26.04.2006*

Zu den Anfängen der deutschen Schauspielkunst

Im Mittelalter waren Kirchen, Gasthöfe und Jahrmärkte wichtige Standorte für Theateraufführungen. Als im 16./17. Jahrhundert bürgerliche Bildungsstätten entstanden und die Zeit der ritterlichen Unterhaltung an den Höfen vorüber war, kam in Europa der Schauspielerstand auf. Komödiantentruppen, die bunt zusammengewürfelt waren, zogen von Ort zu Ort und erhielten von den Behörden meist nur eine Spielbewilligung für vierzehn Tage. Sie boten oft hochtrabende „Haupt- und Staatsaktionen" mit idealisiertem höfischem Milieu. Vielfach stand eine lustige Person - ein Hanswurst oder Harlekin - im Mittelpunkt. In die Handlungen waren mimische Späße eingelagert, die vornehmlich ein Harlekin oder Hanswurst derb, urkomisch und mit viel Klamauk in Szene setzte. Vielfach wiesen die Stücke volkstümliche Elemente auf. Oft zog es die Leute mehr zur Vorführung der Wanderbühne als zum Gottesdienst. Die Schauspieler waren als „fahrendes Volk" wenig geachtet. Besonders nach dem Dreißigjährigen Krieg (1618 – 1648) traten die Theatertruppen mit Hanswurstiaden und jämmerlichen Stücken, grausigen und anstößigen Szenen und derben Witzen auf.

Grundlegend veränderte das deutsche Theater Mitte des 18. Jahrhunderts die Theaterprinzipalin Friederike Caroline Neuber (1697 – 1760). Sie reformierte das deutsche Theater gründlich, schaffte die Hanswurstiaden ab, setzte auf gehaltvolle

Caroline Neuber (1697 – 1760) – Vorkämpferin für eine realistische Theaterkunst

Stücke und versuchte, den Geschmack des Publikums zu heben. Andererseits schuf die Neuberin einen neuen Theaterstil und setzte sich für die Anerkennung des Schauspielerberufes ein. Es gelang ihr, bürgerliche Lustspiele auf die Bühne zu bringen, wie die von Lessing und Gellert. Die Neuberin erwarb sich vornehmlich in Leipzig besondere Verdienste um die Hebung des deutschen Theaterniveaus. Sie wurde zu einer Vorkämpferin für eine realistische, volksverbundene deutsche Theaterkunst in der frühen Phase der Aufklärung.

Ebenfalls nach entsprechenden Veränderungen drängte der Leipziger Literaturprofessor Johann Christoph Gottsched (1700 – 1766). Das „Theater der Klänge" in Düsseldorf brachte 1999 die Geschichte der „Neuberin – Passion einer deutschen Prinzipalin" nach einem Buch von Jörg U. Lensing und Clemente Fernandez auf die Bühne. Die Aufführungen erfolgten an den historischen Stätten ihres Wirkens. Im Ekhof-Theater in Gotha brachte man eine kurze Fassung und die große im Deutschen Nationaltheater Weimar. 1998 erhielt die Schauspielerin Jutta Hoffmann den erstmals verliehenen „Ca-roline-Neuber-Preis".

Gotthold Ephraim Lessings (1729–1781) – Wegbereiter eines deutschen Nationaltheaters

Gotthold Ephraim Lessing (1729 – 1781) – der Wegbereiter der deutschen Nationalliteratur - unternahm 1767/69 in Hamburg den Versuch, ein einheitliches deutsches Nationaltheater zu schaffen. Er strebte eine bürgerlich–realistische Schauspiel- und Theaterkunst an. Den Plan konnte Lessing in Hamburg nicht verwirklichen. Der Dichter des „Nathan" ließ sich von der realistischen Bühnenkunst Shakespeares anregen. Lessing begründete das Scheitern in seiner „Hamburgischen Dramaturgie" damit, dass „wir Deutsche noch keine Nation sind." Mitstreiter Lessings

bei dem Versuch, ein deutsches Nationaltheater zu gründen, war Conrad Ekhof (1720 – 1778). Jener „Vater der deutschen Schauspielkunst" leitete von 1774 bis zu seinem Tode am 16. Juni 1778 das Gothaer Hoftheater im Westturm des Schlosses Friedenstein. Dieses heutige Ekhof-Theater ist eines der ältesten ortsfesten deutschen Theater /1/.
Ein Theaterzettel, der 1743 in Deutschland erschien, enthält die nachstehende wörtliche Schlussbemerkung über die Sitzordnung bei Aufführungen: „Bekwemlichkeit des Publikumss ist angeorden tas die erste Reihe sich hinterlegt, die zwende Reihe kniet, die drüdde sützt, die vührte steht, so könnens Alle sehen. Das Lachen ist verboten, weil's ein Trauerspiel isst." /2/
Der wichtigste mitteldeutsche Theaterstandort im frühen 17. Jahrhundert war Kassel. Landgraf Moritz der Gelehrte ließ hier schon 1604 mit dem Ottonium das erste feste Theatergebäude Deutschlands errichten.
An Orten, wo die Schauspielkunst Typen aus dem Volksleben gestaltete, bildete sich ein Volkstheater heraus, so zum Beispiel in Wien. In der ersten Hälfte des 19. Jahrhunderts erlebte es hier seine Blütezeit mit den Theaterdichtern Ferdinand Raimund (1790 – 1836) und Johann Nepomuk Nestroy (1801 – 1862).
Das aristotelische Theater – auf der Einfühlung basierend - hat eine jahrhundertealte Tradition. Bereits Aristoteles begründete jene Dramentheorie. Im 20. Jahrhundert setzte sich das epische Theater durch. Mittels der Parabel entwickelte Brecht das Prinzip der Verfremdung, mit der der Zuschauer zum eigenen Nachdenken bewegt werden sollte. Eine verfremdende Darstellung findet sich im 20. Jahrhundert auch in den satirischen Komödien von Majakowski, in den Märchenkomödien von Jewgeni Schwarz, in den späten Stücken von Sean O'Casey und in der Dramatik von Peter Weiss /3/.

Anmerkungen:

1 *Zur Entwicklung der Literatur und bedeutender Dichterpersönlichkeiten, Volk und Wissen, Berlin 1974, S. 42*

2 *Zitat aus: Mühlhäuser Zeitung, 14.02.1906*

3 *Trilse / Hammer / Kabel: Theaterlexikon, Berlin 1977, S. 541*

Einblick in die frühe Thüringer Theatergeschichte

„Theaterspielen hat in Thüringen eine mehr als 700-jährige Tradition. Bereits im ausgehenden 12. Jahrhundert hat ein Thüringer Dichter mit dem Dialog ‚Christus vor Pilatus' einen dramatischen Text geschaffen, aus dem sich vermutlich die Passions- und Osterspiele entwickelten. Dies sind die ältesten überlieferten Formen der dramatischen Literatur im deutschsprachigen Raum." /1/ Folglich ist die Entstehung des Theaters eng mit dem religiösen Ritus verknüpft. Spätestens in der Mitte des 13. Jahrhunderts war es üblich, die Osterliturgie mit einer Spielhandlung zu verbinden. Zunächst traten die Geistlichen in Rollen auf und stellten in den Dialogen einen szenischen Konflikt dar. Eine besondere Rolle spielte im mittelalterlichen Theater die Passionsgeschichte. Die Passionsspiele führte man auch außerhalb der Kirchenräume auf. Auf diese Weise wurden sie „zu einem integrierenden Bestandteil der städtischen Festkultur, die eng verbunden war mit Elementen der Volkskultur, wie sie sich noch heute im Karneval zeigen" /2/. Vor allem kommt dem Raum zwischen Erfurt, Eisenach und Mühlhausen bei der Herausbildung dieses neuen literarischen Mediums eine zentrale Rolle zu. Berühmt wurde das von einem unbekannten Eisenacher Dominikaner verfasste „Spiel von den zehn Jungfrauen", das 1321 auf dem Eisenacher Markt aufgeführt wurde. Der anwesende Landgraf Friedrich der Freidige war so erschüttert, dass ihn kurz darauf ein Schlaganfall ereilte. Von diesem erholte er sich nicht mehr, sodass er zwei Jahre später verstarb.

Nordportal der Marienkirche mit den klugen Jungfrauen (Foto: Dieter Fechner)

Das effektreiche Legendenspiel „Von Frau Jutten“ schrieb der Mühlhäuser Dietrich Schernberg, der erste namentlich erfasste Theaterdichter Thüringens. Auf diesen wird noch zurückzukommen sein.
Die Reformation stellte in Deutschland das Schuldrama in ihren Dienst und näherte es den Formen des Volkstheaters an. Man fügte Zwischenspiele ein und überführte es in die deutsche Sprache, um sich dem Publikum anzupassen. Die Aufführungen fanden im Allgemeinen zur Fastenzeit oder an Namenstagen der Schutzheiligen statt. Erfolgreiche Aufführungen mit hohem Schauwert mussten außerhalb des Schulgebäudes wiederholt werden und wurden somit „Bestandteil des städtischen Kulturbetriebes“ /3/.
Die Jesuiten sahen Ende des 16. Jahrhunderts im Theater ein wirksames Medium, um ihre Ziele nachhaltig durchzusetzen. „In ihrem lateinsprachigen Ordens- und Prozessionstheater nutzten sie die ganze Breite der frühbarocken Darstellungskunst. In Heiligenstadt kam es seit 1582 und in Erfurt seit 1612 zu spektakulären Aufführungen.“ /4/ Ende des 17. Jahrhunderts überlebte sich das Schuldrama, das keine weltliterarische Bedeutung gewann, aber einen gewissen Einfluss auf die Herausbildung des Dramas ausübte.
In Gotha verfügt man seit 1683 über die älteste und zeitweise bedeutendste Bühnentradition in Ostdeutschland. Im Westturm des Schlosses Friedenstein in Gotha ist das eingebaute barocke Hoftheater vorhanden. Es verfügt über eine aus dem 17. Jahrhundert stammenden Technik der Kulissenschnellverwandlung. Der „Vater des modernen Theaters,“ Conrad Ekhof (1720 – 1778), wirkte hier von 1774 bis 1778 als Schauspieler und Theaterleiter. Jener beste Charakterdarsteller seiner Zeit kam mit seiner Truppe nach Gotha und baute das „erste ortsfeste Schauspielerensemble in Deutschland“ auf. Ekhof setzte forciert die Charakterdarstellung durch. Er richtete eine Pensions- und Sterbekasse für Schauspieler ein. Einer

Conrad Ekhof (1720–1778) – „Vater des modernen Theaters“ (Ölbild von Anton Graff, 1774)

Ekhof-Theater mit Bühne und Zuschauerraum im Schloss Friedenstein in Gotha (Fotothek Gotha)

seiner Schüler war August Wilhelm Iffland (1759 – 1814), der spätere berühmte Intendant in Berlin. Conrad Ekhof war der künstlerische Kopf des Gothaer Hoftheaters. 1966 bis 1968 wurde das Ekhof-Theater restauriert. Seither finden jährlich etwa fünfzehn Konzert- und Theaterabende statt.

1920 verfügte das Land Thüringen als Erbe der Fürstenhäuser über die dichteste Theaterlandschaft in Deutschland, wie in Weimar, Erfurt, Gera, Gotha, Meiningen, Mühlhausen, Eisenach und Altenburg. Hinzu kamen noch die kleinen Theater in Sondershausen, Rudolstadt, Nordhausen, Greiz und zeitweilig auch Jena /5/.
Das Thüringer Literaturjournal „Palmbaum" (Heft 3/4/2005), das die Thüringische Literarhistorische Gesellschaft Palmbaum e. V. herausgibt, erschien unter dem Titelthema „Thüringer Theaterlandschaft". In mehreren fundierten Beiträgen vermittelte das Journal einen umfangreichen Überblick von den Anfängen des Theaters im thüringischen Raum von mehr als 700 Jahren bis zu den Um- und Ausbrüchen der Gegenwart.

A n m e r k u n g e n:

1 Ignasiak, Detlef: Geschichte des Theaters in Thüringen, in: Thüringen. Blätter zur Landeskunde, 1993
2 Ignasiak, Detlef: a. a. O.
3 Ignasiak, Detlef: a. a. O.
4 Ignasiak, Detlef: a. a. O.
5 Ignasiak, Detlef: a. a. O.

Überblick über die Mühlhäuser Theatergeschichte

Die Mühlhäuser Theatergeschichte reicht bis in das frühe Mittelalter zurück, als beispielsweise die Gymnasiasten Legendenspiele in der Divi-Blasii-Kirche aufführten. In der freien Reichsstadt brachte der Messpfaffe Dietrich Schernberg im 15. Jahrhundert eines der ersten deutschsprachigen Theaterstücke zu Papier. Die Mühlhäuser spielten Theater zunächst für den „Eigenverbrauch". Anfang des 19. Jahrhunderts entstanden „Liebhabertheater", unter anderem in der heutigen Erfurter Straße 2 und im „Bürenhof" am Untermarkt 7. 1840 wurde das

Schauspielhaus An der Burg eröffnet, das nur etwa 80 Jahre bespielt werden konnte und 1957 abgerissen werden musste. Auch die Mühlhäuser Bürger und die aus den umliegenden Dörfern besuchten einst gern das Theater im Schauspielhaus An der Burg.
Im 20. Jahrhundert beteiligten sich die Mühlhäuser Theaterfreunde an Fahrten in die Stadttheater in Erfurt, Gotha, Eisenach und Nordhausen und ans Deutsche Nationaltheater Weimar. Eine feste Gruppe besucht seit über vierzig Jahren auch noch im neuen Jahrtausend Vorstellungen am Theater in Nordhausen. Die genannten Thüringer Bühnen und zahlreiche andere Theaterensembles traten auch zu Gastspielen in Mühlhausen auf, wie im Schwanenteich- und Schützenbergsaal und auf der Freilichtbühne im Thomas-Müntzer-Park auf dem Rieseninger Berg. 1990 verfügte Thüringen mit den Ensembles in Weimar, Erfurt, Eisenach, Nordhausen, Meiningen, Rudolstadt, Gera und Altenburg noch immer über acht Vierspartentheater.
Seit Ende des 20. Jahrhunderts bildet die Theaterwerkstatt 3K eine feste Größe im Theaterleben Mühlhausens mit beachtlicher Resonanz weit über die Grenzen der Stadt im Freistaat Thüringen. Die neue Spielstätte in der Kilianikirche wird sicher die jungen Leute von „3K" um den engagierten Bernhard Ohnesorge weiter beflügeln und nicht zuletzt ein ansprechendes kulturelles Aushängeschild für die Stadt Mühlhausen und den Freistaat Thüringen.
Veröffentlichungen über die Mühlhäuser Theaterverhältnisse, für die vor allem im Mühlhäuser Stadtarchiv recherchierte wurde, erschienen bisher sporadisch und nach verschiedenen Themenbereichen, unter anderem von Wilhelm Auener, Rudolf Bemmann, Ernst Brinkmann, Fritz Kaiser, Friedrich Wilhelm Lucks, Willy Riehm, Hans Friedrich Scheele und Adolf Sellmann. Trotzdem liegt eine Geschichte des Mühlhäuser Theaters noch nicht vor und soll dieses im Folgenden versucht werden.

Frühes Theaterstück des Mühlhäusers Dietrich Schernberg (15. Jahrhundert)

Mitte des 19. Jahrhunderts entdeckte der Mühlhäuser Stadtarchivar Friedrich Stephan (1792 - 1849) in den Beständen der alten reichsstädtischen Bibliothek drei Legendenspiele: das „Katharinenspiel", das „Zehnjungfrauenspiel" und „Das Spiel von Frau Jutten". Das letztere

ist das älteste in deutscher Sprache gedruckte Drama aus Thüringen. Es stammt von Dietrich Schernberg aus Mühlhausen (urkundlich von 1483 - 1502 bezeugt, nach W. Greiner). Der Geistliche und kaiserliche Notar hieß eigentlich Theodoricus Schernberck und könnte aus Schernberg stammen. Er schrieb das 1480 aufgeführte „Spiel von Frau Jutten". Bei der Dramatisierung der Geschichte von Jutta stützte er sich „auf eine erst im 13. Jahrhundert belegte und besonders von dem Dominikaner und päpstlichen Kaplan Martin von Troppau (gest. 1278) verbreitete Legende" /1/. Das Stück wird als eine „Dramatisierung der Sage von der Päpstin Johanna mit Anlehnung an das Theophilus-Drama" bezeichnet. Nach der Legende soll Jutta um 1100 unter dem Namen Johannes Anglicus zwischen Papst Leo IV. und Papst Benedikt zweieinhalb Jahre lang den päpstlichen Stuhl innegehabt haben. Jutta – angeblich aus Mainz stammend - legte Männerkleidung an, wollte studieren und Karriere machen. Sie absolvierte mit ihrem Liebhaber Clerius ein Studium in Athen und widmete sich erfolgreich geistlichen Studien. „Das Stück erzählt in Form einer Rahmenhandlung von den Verführungskünsten der Teufel, die Jutta in Aussicht stellten, hohe Ehre zu erlangen." /2/ Als Mann verkleidet geht sie von England nach Paris, um dort zu studieren, und nach bestimmten Examen nach Rom. Sie steigt in der Hierarchie der katholischen Kirche vom Kardinal zum Papst auf. Doch ihre Schwangerschaft bringt ihr wahres Geschlecht an den Tag. Dem Volk wurde ihre Schande während einer Prozession offenbart. Auf Fürbitte der Jungfrau Maria und des heiligen Nikolaus ließ Christus sie durch einen Erzengel dem Teufel entreißen und empfing sie als seine „liebste Tochter". Damit weist Schernbergs Stück einen versöhnlichen Ausgang auf. Urspünglich pries der Autor die barmherzige Großmut der katholischen Kirche. Andererseits werden in dem Legendenspiel Angriffe gegen das Papsttum unternommen und bereits vorreformatorische Gedanken geäußert. „Juttas Klage, ihre Einsicht und Umkehr sind eine eindringliche Mahnung des Dramatikers, ein gottgefälliges Leben anzustreben. Sein Stück macht die Schwierigkeiten deutlich, Wissenschaft und Forschung mit dem Glauben in Einklang zu bringen." /3/
Der in Mühlhausen tätige Superintendent Hieronymus Tilesius (1531 - 1566) war ein eifriger Verfechter der Lehren Martin Luthers und setzte die Reformation in der Stadt durch. Er erwarb sich das Verdienst, das Spiel von Frau Jutten 1565 in Eisleben bei Andreas Petri wie eine Streitschrift drucken zu lassen. Der Herausgeber „sah in dem Stück ein willkommenes Pamphlet, um gegen die Rekatholisierung der Freien

Reichsstadt aufzutreten und auf die gravierenden Folgen der priesterlichen Ehelosigkeit hinzuweisen, obgleich Dietrich Schernberg mit seinem Stück völlig andere Ziele verfolgt hatte." /4/ Das Legendenspiel galt lange Zeit als das „berühmteste Drama des Mittelalters." Schernbergs Urschrift ist verschollen. Tilesius verlegte das Stück in die Zeit von 1485. Von dessen Neudruck aus dem Jahre 1565 existiert offensichtlich nur noch ein Exemplar an der Niedersächsischen Landesbibliothek in Hannover.
Dietrich Schernberg soll ein Kenner der mittelalterlichen Dramatik gewesen sein, da er eine „Anzahl Sätze und Episoden aus Oster-, Passions- und Weltgeschichtsspielen adaptiert" /5/. Er wird in den Literaturgeschichten als deutscher Dramatiker des 15. Jahrhunderts bezeichnet. Der Leipziger Literaturpapst und Zeitgenosse Lessings Johann

Niederkunft der Päpstin während einer Prozession von Johannes Wolf (1600)

Christoph Gottsched (1700 - 1766) hebt jenes mittelalterliche Spiel als „das älteste deutsche Trauerspiel“ hervor. Nach Ansicht Königshofs gelang es Gottsched, „den ersten gedruckten Text des Juttaspiels, der achtzig Jahre jünger als die verschollene Handschrift ist, aufzufinden und in seiner Sammlung ‘Nötiger Vorrat’ zu veröffentlichen.“ Außer der Johanna sind weitere Beispiele von Frauen bekannt, die es erfolgreich bewerkstelligten, ein Leben als Mann zu führen. Einige - wie Jutta - gelten als „Urbilder hochfliegenden Strebens, die sich mit dem Teufel verbanden, um zu unerreichbar scheinenden Zielen zu gelangen“ /6/.
Interessante inhaltliche Verwandtschaften werden von Königshof zwischen der Jutta-Legende und der Faust-Sage hervorgehoben, da in beiden ein Teufelsbund bzw. eine -wette abgeschlossen werden. Jutta und Faust befinden sich in Krisensituationen, da beide sich entfalten und erproben möchten. Sie fühlen sich bei ihrer Suche nach Erkenntnissen von der Enge des Mittelalters bedrängt. Schernbergs Stück muss auf Goethe anregend gewirkt haben, da nach Königshofs Ansicht die Schüler-Szene in „Jutta“ ein Pendant zu der in Goethes „Faust“ ist. Ähnlich sei es mit der Spiegelglanz-Szene in „Jutta“ mit Fausts Umwerbung von Gretchen. Auch die Gretchen-Tragödie in der Kerkerszene sei bereits im Jutta-Spiel vorgegeben.
Bereits 1891 erschien in Marburg die Dissertation „Th. Dietrich Schernberg und sein Spiel von Frau Jutten“ von Richard Haage aus Großengottern. Eine Textausgabe des Jutta-Stückes veröffentlichte 1911 in Bonn Edward Schroeder, der sich schon 1890 in einem Beitrag mit Dietrich Schernberg beschäftigte. Das „Spiel gehört mit seiner Erörterung der Frauenemanzipation innerhalb der kirchlichen Rangordnung durchaus in den Kreis der damaligen geistlichen Beschwörungen der Frauenfrage“,

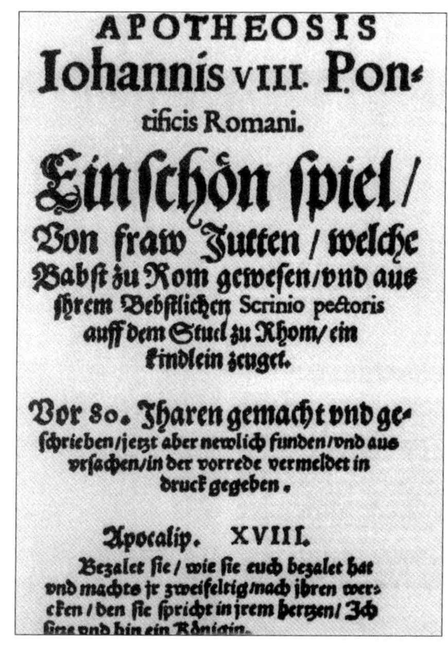

APOTHEOSIS
Iohannis VIII. P. Pontificis Romani.
Ein schön spiel / Von fraw Jutten / welche Babst zu Rom gewesen / vnd aus jhrem Bebstlichen Scrinio pectoris auff dem Stuel zu Rhom / ein Kindlein zeuget.
Vor 80. Jharen gemacht vnd geschrieben / jetzt aber newlich funden / vnd aus vrsachen / in der vorrede vermeldet in druck gegeben.
Apocalip. XVIII.
Bezalet sie / wie sie euch bezalet hat vnd machts jr zweifeltig / nach jhren wercken / den sie spricht in jrem hertzen / Ich

Titelblatt der Eislebener Druckausgabe von 1565 von Hieronymus Tilesius (Foto: D. Fechner)

schrieb Borsinski 1921 in der „Geschichte der deutschen Literatur“. Peter Stanford legte das historische Sachbuch „Die wahre Geschichte der Päpstin Johanna“ (1999) vor. Ihre Figur gab lange Zeit Anlass zu immer neuen Mythen und wilden Spekulationen. Stanford brachte Licht ins Dunkel mysteriöser Vorgänge und enthüllte die authentischen Hintergründe, zumal der Vatikan die Geschichte vom weiblichen Papst über die Jahrhunderte bewusst verdrängte. Lange Zeit stand Ende der neunziger Jahre der Roman „Die Päpstin“ von der Amerikanerin Donna W. Cross auf den Bestsellerlisten. Der Aufbau-Verlag Berlin verkaufte von dem Roman fast 4 Millionen Taschenbücher. Nach dem Roman wurde Anfang 2000 eine fünfteilige mdr-Hörspiel-Produktion mit 65 Sprechern geschaffen. Das Audiobuch auf zwei CD's bietet Hörvergnügen vom Feinsten, zumal mitwirken: Angelika Domröse, Hilmar Thate, Thomas Holtzmann, Ernst Jacobi, Corinna Kirchhoff, Hellmut Lange, Vadim Glowna und viele andere. 2002 war zu erfahren, Volker Schlöndorff plane, den Bestseller „Die Päpstin“ nach einem Drehbuch von dem britischen Autor Michael Hirst zu verfilmen.
Im Mai / Juni 1999 wurde unter dem Motto „Europa ist weiblich“ ein deutsch-österreichisches Gemeinschaftsprojekt des Europäischen Kultur- und Informationszentrums in Thüringen (EKT) initiiert. Während des Kunstprojekts fanden Vorträge und Gesprächsrunden statt. Das Stück „Ein schön spiel von fraw Jutten“ von Dietrich Schernberg inszenierte der Erfurter Europa-Kulturverein Via Regia. Etwa zehn Lebensjahre Juttens passierten im Zeitraffertempo Revue, sodass ein abrupter Wechsel nicht ausblieb. Künstler aus Deutschland, Israel, den USA und Rumänien interpretierten Schernbergs Legendenspiel in einer europäischen Erstaufführung. Das Projekt sollte ein Beitrag Erfurts zum europäischen Kulturstadtjahr Weimar 1999 sein. Die Produktion mit internationaler Besetzung wurde in Tel Aviv mit israelischen Tänzern von Sheketak uraufgeführt. Im Juni 1999 folgten Aufführungen in der Michaeliskirche in Erfurt.

Zum „Jutten“–Team zählten unter anderem Dr. Jürgen Fischer (Gesamtleitung), Hannes Zerbe (Musik), Kathrin Messerschmidt (Jutta) und Andreas Petri (Clericus). Zu dem Kunstprojekt erschien der umfangreiche Katalog „Ein schön spiel von fraw jutten“ als Begleitbuch /7/. Im Zusammenhang mit der Aufführung des Legendenspiels im modernen Ambiente schuf die Erfurter Malerin Katrin Sengewald (Jg. 1958) eine

Bilderserie über die Päpstin unter dem Titel „Vorausgesetzt, dass die Wahrheit ein Weib ist . . .“ Die Bilder (Pastellkreide auf Papier, 70 x 100 cm) waren betitelt mit „Die Krönung“, „Die Liebe unter dem Papstmantel“, „Ich bin kein Weib“, „ Johanna stirbt“ und „Der Tod der Päpstin“. Im Haus Dacheröden stellte die Künstlerin zwei Dutzend ihrer Bilder aus, die parallel zu den Aufführungen entstanden waren. „Doch gerade in der Papst-Legende zeigt sich die gleich bleibende Aktualität. Kathrin Sengewalds ‚Johanna’ gerät in ein komplexes Netzwerk aus polaren Paaren: Mann und Frau, Körper und Geist, Gut und Böse, Gott und Teufel.“ /8/

Titelseite des Faltblattes von der Aufführung des „Jutten“-Stückes in Erfurt

Papst oder Päpstin? Jener einstige Johannes VIII. gibt auch zu Beginn des 21. Jahrhunderts den Historikern viele Fragen auf. Mitte April 2006 begab sich der TV-Sender Pro Sieben nach 1152 Jahren auf die Spuren der möglichen Päpstin. Eine Dreiviertelstunde versuchte man in der Dokumentation „Galileo Spezial - Die Legende der Päpstin“ manches zu erhellen. Es existierten zwei prominente Verfechter der Legende über die Päpstin, die im Jahre 854 während einer Prozession ein Kind gebar. Martin Luther führte diesen unerhörten Fall als Beweis, dass die Kirche nicht unfehlbar sei. Jan Hus wurde 1413 wegen Ketzerei in vielen Punkten schuldig gesprochen, aber mit seinem Päpstin-Argument erntete er keinerlei Widerspruch bei seinen Richtern. Der Gegenpapst Anastasius Bibliothecarius (gestorben 886) erwähnt eine Päpstin. Letztlich wird auf den Papststuhl verwiesen, auf den sich alle neu gewählten Päpste setzen mussten, um ihre Männlichkeit überprüfen zu lassen.

Anmerkungen:

1 *Königshof, Kaspar: Zur Geschichte des geistlichen Theaters der Stadt Erfurt und ihrer Umgebung, Leipzig 1992, S. 131 ff*

2 *Königshof, Kaspar: a. a. O.*

3 *Königshof, Kaspar: a. a. O.*

4 *Königshof, Kaspar: a. a. O.*

5 *Königshof, Kaspar: a. a. O.*
6 *Greiner, Wilhelm: Die Kultur Thüringens, Gotha 1937, S. 206*
7 *Fischer, Jürgen: Ein schön spiel von fraw Jutten, Begleitbuch, Erfurt 1999*
8 *Baumann, Peter: Vorausgesetzt, dass die Wahrheit . . ., in: Ein schön spiel von fraw Jutten, Seite 28*

W e i t e r e B e i t r ä g e:

Koch, W.: Das Eisenacher Spiel von den zehn Jungfrauen und seine Wirkung, in: Thür. Monatsblätter, 16/1909, S. 125
Hintzenstern, Herbert von: Vom Eisenacher Zehnjungfrauenspiel, in: Thür. Tageblatt, 22.11.1955
Roob, Helmut: Das Zehnjungfrauenspiel. Über mittelalterliche Schauspieltradition in Thüringen, in: Thür. Tageblatt, 28.04.1977
- - : Allgemeine Deutsche Biographien, 31. Band, Leipzig 1890, S. 120
Demmel, Karl: Die Musen der Stadt Mühlhausen, in: Mühlhäuser Anzeiger, 16.10.1936
Gericke, Thomas / Dömröse, Angelika: Schlachtengetümmel im Studio, in: Thür. Allgem., 12.02.2000
Peukert, Brigitte: Legendenspiel im modernen Ambiente, in: TLZ, 12.06.1999
Brandt, Sabine: Jutta auf des Papstes Sitzplatz, in: TLZ, 21.08.1999
Suckert, Wolfgang. Sein oder nicht sein, in: Thür. Allgemeine, 21.04.2006

Einblick in das frühe Schultheater seit dem Mittelalter

Zu Beginn des 16. Jahrhunderts entwickelte sich an höheren Bildungseinrichtungen das Schultheater. Beliebt waren antike Stücke, wie die Komödien der römischen Dichter Plautus und Terenz. Sie waren Bestandteil des lateinischen Sprachunterrichts. Die Stoffe entstammten der Bibel, antiken Sagen oder der Geschichte. Bevorzugte Motive und Gestalten waren: der verlorene Sohn, der barmherzige Samariter, der arme Lazarus oder Joseph, Adam und Eva, David und Goliath. Um 1530 erlebte das neu geschaffene protestantische Schuldrama im sächsischen Zwickau seinen ersten Höhepunkt. Das Theaterspiel wurde ein fester Bestandteil an den neuen Gymnasien, wie in Altenburg, Gera, Arnstadt und Saalfeld. Die Rektoren waren verpflichtet, neue Stücke zu verfassen /1/.
Unter dem Einfluss der Reformation verfasste man sie seit etwa 1530 auch in deutscher Sprache. Im Mittelpunkt standen meist pädagogisch-moralische und vor allem christliche Zielstellungen. Es wird folglich in der Sekundärliteratur zwischen den lateinischen und protestantischen Schuldramen unterschieden. „Im Barock ging das katholische

Schuldrama in die Prunkform des Jesuitendramas über." /2/ Später verbürgerlichte man die religiösen Vorlagen, und es entstanden biblische Familienstücke. Das Schuldrama war ein Produkt des Humanismus. Während der Reformation näherte man sich dem Volkstheater und führte Zwischenspiele ein. Die Aufführungen fanden im Allgemeinen zur Fastenzeit oder an den Namenstagen der Schulheiligen statt. Ein letzter bedeutender deutscher Autor des Schuldramas war Christian Weise (1642 – 1708), der Gymnasialdirektor in Zittau war. Der typische Vielschreiber verfasste zahlreiche Lehrbücher, Gedichtbände und Schauspiele. Letztere erschienen in der Dramensammlung „Zittauisches Theatrum". Zwickau wurde das Zentrum des Schultheaters in Mitteldeutschland. In Erfurt brachten die Humanisten zu Beginn des 16. Jahrhunderts immer häufiger antike Stücke zur Aufführung. Zunehmend mussten sie die Schüler in deutscher Sprache spielen. Oft wurden die Schulrektoren verpflichtet, neue Stücke zu schreiben.
Im 16. Jahrhundert pflegte man auch am Mühlhäuser Gymnasium die dramatische Kunst. 1562/63 wurde am heutigen Untermarkt 6 ein evangelisches Gymnasium erbaut, das unter dem Patronat des Deutschen Ordens für beide Ordensschulen der Unter- und Oberstadt stand. Das damalige Gebäude wurde als Schule bis 1580 genutzt und 1604 in Privathand verkauft. Das alte, massive Gymnasiumsgebäude in der heutigen Neuen Straße 10 weihte man am 13. Januar 1722 feierlich ein. Schon sein Vorgängerbau – ein Fachwerkbau – war ein Schulgebäude, das bereits am 27. Mai 1580 eingeweiht worden war.
Auch am Mühlhäuser Gymnasium wurden geistliche Stücke und weltliche Fastnachtsspiele aufgeführt. Dem Charakter der Zeit entsprechend, waren um das Jahr 1600 Schüleraufführungen beliebt, in deren Mittelpunkt Stoffe aus der Bibel und aus dem Alltag standen. 1601 führten die Gymnasiasten in der Divi-Blasii-Kirche Stücke auf, wie das geistliche Spiel „Wie Josef und seine Brüder nach Ägypten verkauft wurden" und die weltliche Komödie „Wie ein guter Freund dem anderen sein Weib verschenkt hat". 1608 spielten die Gymnasiasten in der Untermarktskirche „Die Geschichte vom armen Lazarus". Später wurde in der Kornmarktkirche „Die Geschichte der Geburt Christi" inszeniert.
Der Pädagoge Johannes Girbert (1597 – 1671), der zehn Jahre Rektor am Gymnasium in Nordhausen tätig gewesen war, belebte dort 1641 die Sitte der Schultheateraufführungen. Girbert übernahm das Gymnasium in Mühlhausen im Mai 1644, das er 22 Jahre leiten sollte. Er

Rektor des Gymnasiums Johann Georg Schollmeyer (Sammlung: Stadtarchiv Mühlhausen)

führte auch in Mühlhausen Schulkomödien auf, die er zum Teil selbst verfasste. Eine trug den Titel „Dialog zwischen dem Popperoder und Breitsülzen Brunnen“. Jener Wett- oder Dialogwechselgesang über die beiden bekanntesten Mühlhäuser Brunnen umfasste fünfzehn Strophen. Der Text begann so: „Popperoder Brunnenquelle / laufet allzeit klar und helle. / Winter, Sommer, Nacht und Tag, / Frühling, Herbst man schöpfen mag.“ Johannes Girbert führte andererseits mit seinem Buch „Die deutsche Grammatica oder Sprachkunst“ (1653) die deutsche Großschreibung verbindlich ein. Damit wurde Mühlhausen zur Geburtsstätte der deutschen Großschreibung /3/.

Der gebürtige Mühlhäuser Rektor und spätere Superintendent Johann Georg Schollmeyer (1768 – 1839) zählte einst zu den markanten Persönlichkeiten des Schullebens in der Stadt. Er setzte sich während der Zeit der Aufklärung besonders für Reformen im Schulwesen ein, gab Schulbücher heraus und verfasste theoretische Schriften, Erzählungen und Gedichte. 1824 baten Schüler Schollmeyer, Kinderkomödien aufführen zu dürfen. 1860 führten die Primaner des Gymnasiums im Saal des damaligen „Casinos“ (Brotlaube) am Obermarkt unter Leitung ihres Rektors Karl Wilhelm Osterwald (1820 – 1887) das lyrische Drama „König Ruwe's Tochter“ von Henrik Hertz auf.
Der Schriftsteller Georg Stammler (1872 – 1948) – aus Baden-Württemberg stammend - lebte seit Mitte der zwanziger Jahre bis Kriegsende 1945 in Oppershausen. Seine Bücher erschienen zum Teil im Werkland Verlag in Oberdorla und im Urquell Verlag Erich Röth, letzterer in Flarchheim ansässig. Stammler verfasste das Oster-Weihespiel „Der Unbekannte“, das mit Zeichnungen von Ferdinand Hodler, Fritz Röhrs

und A. Paul Weber erschien. Jenes Weihespiel führten in Mühlhausen Mitglieder des Jungdeutschen Ordens und der Jungdeutschen Schwesternschaft um 1929/30 auf /4/. Das Stück war - wie das gesamte Schaffen Stammlers - sehr dem nationalsozialistischen Gedankengut verhaftet.

Anmerkungen:

1 *Kröplin, W.: Schuldrama, in: Wörterbuch der Literaturwissenschaft (Hg. Claus Träger), Leipzig 1986, S. 467*

2 *Trilse, Ch. / Hammer, K. / Kabel, R.: Theaterlexikon, Berlin 1977, S. 487*

3 *Junker, Jörg-Michael: Das Leben des Rektors Johannes Girbert (1597 – 1671) . . ., in: Heute und einst, 12. Jahrbuch des Landkreises Nordhausen, 2005, S. 180 ff*

4 *Langenbucher, Hellmuth: Georg Stammler zum 70. Geburtstag, in: Der Greif, 1942*

Die Anfänge des Schauspielwesens in Mühlhausen

Oft spielten zeitweilig auswärtige Theatertruppen auch in Mühlhausen. Die erste Nachricht stammt aus dem Jahre 1719. Der einstige Zahnarzt Johann Ferdinand Becke – „ein hochteutscher Comödiant“ – trat in Mühlhausen mit einem Stück über Albrecht von Wallenstein, den Feldherren im Dreißigjährigen Krieg (1618 – 1648), auf. Der Mühlhäuser Rat erlaubte Becke zehn Aufführungen in der Stadt, aber nach der fünften entzog er ihm die Erlaubnis. Die umherziehenden Schauspielertruppen galten als leichtsinniges Völkchen, das oft Schulden machte. 1721 gestattete der Rat einer Hoftheatertruppe, in Mühlhausen aufzutreten. Die Truppen mussten teilweise vorher eine Kaution zahlen, um spielen zu dürfen. 1742 bis 1749 genehmigte der Rat fremden Schauspielern Stücke mit bombastischen und langatmigen Titeln aufzuführen, wie: „Der verlorene Sohn oder der von allen vier Elementen verfolgte Erzverschwender, mit Harlekin, einem lustigen Reisegefährten seines ruchlosen Herrn“. In den fünfziger Jahren des 18. Jahrhunderts trat eine Truppe mit weniger Erfolg in Mühlhausen auf. In jener Zeit boten verlotterte Banden Stegreifkomödien und meist wüste Haupt- und Staatsaktionen. Folglich versagte der Rat oft die Genehmigung, wie 1719 bis 1802 ca. der Hälfte von 40 Theatertruppen. Der Rat fürchtete unter anderem, dass Fremde die Bürger und die Stadt mit Schulden schädigen könnten /1/. Im Januar / Februar 1735 fand eine ereignisreiche Aufführung am Untermarkt mit 32 Personen (darunter 8 Musikanten) und 16 Pferden statt. Unter den Reitern befand sich eine 14-jährige Jungfrau, die sogar mit Hosen bekleidet war. Die Anwohner am Untermarkt entfernten selbst die Dachziegel, um die dargebotenen Komödien gut sehen zu können. Unter anderem spielte man auch ein Stück über Dr. Faustus. Die Schauspieler hatten sich im „Schiffchen“ in der Görmarstraße einquartiert. 1766 logierte eine Theatertruppe im “Goldenen Engel“. Diese trat mit so genannten „Wundertieren“ auf, die die Mühlhäuser noch nicht kannten, wie Kamel, Dromedar und anderen /2/.

Ab 1775 fanden sich Schauspielgesellschaften wieder in Mühlhausen ein, deren Aufführungen aber teilweise nicht den Beifall des Rates fanden. 1779 beantragte ein weiblicher Direktor für die „Barzantische Truppe“, in der Stadt spielen zu dürfen. 1785/86 trat das Hoftheater aus Sondershausen erfolgreich in Mühlhausen auf. Danach lehnte der Rat fünf Jahre lang die Auftrittsgesuche ab. Reinhard Jordan berichtet im Band IV seiner Stadtchronik, am zweiten Pfingsttag 1793 sei anlässlich des Geburtstages des österreichischen Erbprinzen Ferdinand in Mühlhausen ein Freudenfest gefeiert worden. Dieses endete mit einer

„Wanderbühne“, Gemälde von A. E. Seligmann (Sammlung: Dieter Fechner)

„Comoedie auf dem Fleischhause von der Posannisch-Leutschen Schauspielergesellschaft“ /3/. 1793 wurde im „Fleischhaus“ auf dem Obermarkt (Vorgängerbau des ehemaligen Postgebäudes) „Ein gutes moralisches Stück“ aufgeführt /4/.
Ende des 18. Jahrhunderts ließen sich die Mühlhäuser – auch ohne Theatervorstellungen - kurzweilig unterhalten. Eine große Rolle spielten reisende Künstler und andere, die ungewöhnliche Raritäten und Attraktionen dem staunenden Publikum vorstellten. 1787 erschien in Mühlhausen ein fahrender Künstler mit einem englischen Kunstkabinett. Das heißt, dieses war etwas Ähnliches wie eine „Camera obscura“. Man bestaunte im Fleischhaus am Obermarkt eine Hasenjagd, die sieben Weltwunder und Dr. Fausts Zauberkünste. 1789 schlug am Untermarkt ein Italiener seine Zelte auf, um den Mühlhäusern eine „kostbare mechanische Kiste“ vorzuführen. In der Görmargasse stellte ein weiterer Italiener verschiedene fremde, zahme und wilde Tiere vor. Der erste Platz kostete acht Groschen Eintritt, Kinder und Dienstboten zahlten die Hälfte und die Standespersonen „nach Belieben.“ 1792 präsentierte im „Deutschen Kaiser“ am Kornmarkt ein Italiener eine Sammlung Wachsfiguren, so den Papst Pius VI. und den Führer der französischen Revolution Robespierre /5/.
In einem Gutachten des Mühlhäuser Rates an die Preußische Regierung heißt es 1804: „Die Schauspiellust ist hier in Mühlhausen überhaupt noch selten und wenig ausgebildet. Die weitläufige, ziemlich vermögende Mittelklasse, die dieses Spiel hier hauptsächlich unterhalten sollte, lebt größtenteils arm (= geistig anspruchslos) natürlich vom Acker, den Sitten der Natur getreu, hat wenig Vergnügen als die von alters her gewohnten und scheut den Aufwand, den dieses Spiel mit sich zieht.“ /6/
Ferner hieß es, die Mühlhäuser spazierten lieber bei gutem Wetter durch Wald und Flur, als ein Theater zu besuchen.

Anmerkungen:

1 *Bemmann, Rudolf: Theater und Schauspieler in der Reichsstadt Mühlhausen in Th., in: Mühlhäuser Heimatgarten, 2/3/5/1924*
2 *Kaiser, Fritz: Alt-Mühlhäuser Theatererinnerungen, in: Mühlh. Heimatblatt, 12/1932, 1/1933, 2/1933, 3/1933*
3 *Jordan, Reinhard: Chronik der Stadt Mühlhausen 1771 – 1890, Bad Langensalza 2003, S. 29*
4 *Kaiser, Fritz: a. a. O.*
5 *Kurzweil in Alt-Mühlhausen, in: Mühlh. Anz., 04.03.1938*
6 *Kaiser, Fritz: a. a. O.*

Liebhabertheater in Mühlhausen

Die Vertreter mehrerer Generationen der Familie Lutteroth erwarben sich in Mühlhausen über zweihundert Jahre lang und weit darüber hinaus einen geachteten Namen. Die Lutteroths stammten ursprünglich aus dem Kreis Worbis. 1713 siedelte Christian Lutteroth (1675 – 1720), der als erster des Mühlhäuser Stammes gilt, von Langensalza nach Mühlhausen. Er gründete in der Stadt ein Handelshaus und eine Tuchfabrik. Das Stammhaus der Lutteroths befindet sich in der Felchtaer Straße 10 (Ecke Lattermannsgasse). Die Witwe Eleonore Lutteroth (1777 – 1854) war die Ehefrau des Königlich- Preußischen Kommerzienrates und Mitinhabers der Firma Ascan Lutteroth (1759 – 1836). Sie war Eigentümerin der Häuser Nr. 502 und 503 in der heutigen Erfurter Straße 2 und 3.

Theatervorstellungen fanden in Mühlhausen zunächst gleichsam für den „Eigengebrauch“ statt. Mitglieder der Familie Lutteroth spielten 1810/11 meist Lustspiele von August Kotzebuc (1761 – 1819), der zu den erfolgreichsten Bühnenautoren der Goethe-Zeit zählte, im Casino der Brotlaube am Obermarkt. Die Zuschauer hatten zwei bis vier Groschen für wohltätige Zwecke zu zahlen. Der Kreis der Besucher dieses Liebhabertheaters erweiterte sich, als man es in den Dienst der Wohltätigkeit stellte. Man erhob auch Eintrittsgelder, um neue Stücke kaufen zu können und um den Fundus des Theaters erweitern zu können. Jenes Liebhabertheater der Familie Lutteroth spielte 1817 in der Erfurter Straße 2. Das Gebäude aus dem Jahre 1582 wird als das drittälteste Bürgerhaus in Mühlhausen bezeichnet, ist aber wahrscheinlich wesentlich älter. „In der Renaissancefassung des Giebelhauses in der Erfurter Straße 2 verbirgt sich ein eingeschossiges Giebelhaus aus der 1. Hälfte des 14. Jahrhundert ...“ /1/. Das Hintergebäude auf der Ostseite waren insgesamt 32 Meter lang. Das Grundstück erstreckt sich bis zur Stadtmauer am Lindenbühl.

Einer der ersten, der die Mühlhäuser zu Schauspielleistungen anregte, war der Tanzlehrer Grieser. Nach einem Tanzkurs im Lutterothschen Hause bereitete er mit den Teilnehmern des „Tanzkränzchens“ eine Theateraufführung vor. Im „Mühlhäusischen Wochenblatt“ vom 15. März 1817 ist eine „Theater-Anzeige“ veröffentlicht. Besagter Tanzlehrer Grieser kündigt an, dass mit „obrigkeitlicher Erlaubnis“ am 31. März 1817 das Lustspiel in zwei Akten „Das Haus ist zu verkaufen“ von 22 Personen getanzt werde. Für den ersten Platz erhob man 20

Kreuzer und für den zweiten 10 Kreuzer Eintritt. Grieser wies darauf hin, dass für den ersten Platz Raum frei gelassen werde, um mitgebrachte Stühle aufstellen zu können. Am 16. April 1817 folgte in dem Liebhabertheater in der Erfurter Straße das Lustspiel in drei Aufzügen „Frauenzimmer - Laune oder sagten Sie was?", wie dies im „Mühlhäusischen Wochenblatt" vom 12. April 1817 angekündigt wurde /2/. Jenes Liebhabertheater der Familie Lutteroth in der heutigen Erfurter Straße 2 konnte sich etwa zwei Jahrzehnte halten. Schwierig war es, entsprechende größere Räume zu finden. Solange man nur vor einem kleinen Kreis spielte, genügten private Räume. Als der Zustrom aus der Öffentlichkeit immer größer wurde, musste man sich nach einem entsprechenden Saal umsehen.

Das sanierte Lutterothsche Haus, Erfurter Straße 2 (Foto: Dieter Fechner)

Der Rat der Stadt stellte dafür den großen Saal der „Fleischlaube" auf dem Obermarkt zur Verfügung. Jenes alte Gildehaus der Fleischhauer - das ehemalige „Fleischhaus" – erhob sich einst bis 1880 am Obermarkt (Vorgängerbau der Hauptpost, seit 1997 Landesversicherungsanstalt) gegenüber der Brotlaube.

Das „Fleischhaus" war 1577/78 aus den Steinen der Johanniskirche erbaut worden, die auf dem Blobach stand. Das Gebäude, in dem die Fleischer im Erdgeschoss etwa 300 Jahre ihre Waren feilboten, hatte viele Fenster und vierfache Böden. Zeitweise boten die „Tuchmacher und Gewandschnitter" in der zweiten Etage ihre Tuche zum Verkauf an. In den oberen Stockwerken des Fleischhauses befanden sich Lagerräume für Getreide und Säle für Festlichkeiten. Seit 1719 traten hier Gaukler und umherziehende Schauspielertruppen auf. Der Mühlhäuser Rat stellte dafür unter anderem den unheizbaren großen Saal im oberen

Stockwerk den gastierenden Theatertruppen zur Verfügung. Diese hatten selbst für die Bühnenvorrichtungen zu sorgen. Die Aufführungen fanden teilweise bei offenen Fenstern statt. Man verschloss sie notdürftig mit Vorhängen, damit die Besucher nicht der Zugluft ausgesetzt würden. Im Winter war es oft sehr kalt, sodass sich die Besucher am „Feuer der Begeisterung" für das Geschehen auf der Bühne nicht allein wärmen konnten. Folglich brachte man schwelende Feuerpfannen mit, die den Raum mit beißendem Qualm erfüllten. Die Männer steckten sich dampfenden Tabakspfeifen in den Mund. Die hierdurch entstehende fragwürdige „Theaterluft" war somit nicht die Beste /3/. Das „Fleischhaus" war bis zum 8. November 1880 auf dem Obermarkt vorhanden und musste danach dem einst neuen Postgebäude weichen.

Anmerkungen:

1 *Günther, G. / Korff, W.: Mühlhausen, Leipzig 1986, S. 95, 120*

2 *Sellmann, Adolf: Die Anfänge des Mühlhäuser Theaterlebens, in: Mühlhäuser Heimatblätter, 10/1920*

3 *Flaneur: Mühlhäuser Theater der Vergangenheit, in: Thüringer Volk, 06.06.1946*

Weitere Beiträge:

Grieser: Theater-Anzeigen, in: Mühlhäusisches Wochenblatt, 15.03. und 12.04.1817

Fechner, Dieter: Der Sage nach einst ein Kloster gewesen, in: TLZ, 29.03.1997

Das einstige Fleischhaus auf dem Obermarkt gegenüber der Brotlaube (um 1880 von Carl Michel)

Goethes Enttäuschung von den Theaterverhältnissen in Mühlhausen 1801

Der 42-jährige Goethe, Kupferstich von Johann Heinrich Lips, 1791

Johann Wolfgang von Goethe (1749 – 1832) besuchte bzw. durchfuhr viermal Mühlhausen: 1777, 1780, 1784 und 1801. Nachdem er von einer Gesichtsrose genesen war, die er sich an der Wende des Jahres 1800 zu 1801 im Jenaer Schloss zugezogen hatte, trat er eine Erholungsreise nach Bad Pyrmont an. Er weilte am 5./6. Juni 1801 auf der Durchreise in Mühlhausen. Den Dichter begleiteten sein elfjähriger Sohn August und sein Diener Ludwig Geist (1776 – 1854). Letzterer lebte von 1795 bis 1804 als Diener und „geschickter Schreiber“ in Goethes Haus in Weimar. Die drei Besucher logierten im Gasthof „Zum faulen Loch“ – einst Ecke Lindenbühl / Langensalzaer Straße (später Hotel „Schwarzer Adler“). Goethe notierte in seinem Tagebuch

„Fleischhaus“ auf dem Obermarkt, in dem Goethe 1801 eine Theatervorstellung besuchte (Sammlung: Bernd Mahr)

am 5. Juni 1801 unter anderem: „Die Stadt liegt in einer fruchtbaren Gegend, sie hat viele Kirchen und große Stadtmauern. Schlechtes Theater auf dem so genannten Fleischhause, ohngefähr wie das in Blankenhain.“ Das Fleischhaus befand sich auf dem Obermarkt gegenüber der Brotlaube.

Eine umherziehende Theatertruppe gab „Die neuen Arkadier“, eine große heroische Oper von Franz Xaver Süßmayer (1766 – 1803), deren ursprünglicher Titel „Der Siegel von Arkadien“ lautet. Der Komponist war ein Schüler Mozarts und hatte einige Arien zu dessen Oper „Titus“ instrumentiert. Auf Wunsch von Mozarts Witwe vollendete er dessen „Requiem“. Süßmayers Musik fand insgesamt „großen Beifall, da sich die Zuschauer an Mozarts ‚Zauberflöte' erinnert fühlten“ /1/. Ein Leipziger Korrespondent schrieb offenbar aus eigener Erfahrung: „Die Musik gefällt und das Stück selbst, besonders die Rolle des Metallion, hilft der Verdauung nach Tische.“
Goethes Diener Ludwig Geist schrieb aus Göttingen ausführlich in einem Brief an Christiane Vulpius. Nach der Ankunft in Mühlhausen seien der Geheimrat und sein Sohn ein wenig spazieren gegangen. Als

„Schwarzer Adler“ (einst Gasthof „Faules Loch“), 1876 anlässlich der 75-jährigen Gedenkfeier von Goethes Besuch (Sammlung: Stadtarchiv Mühlhausen)

beide in den Gasthof zurückkehrten, habe er dem elfjährigen August mitgeteilt, am Abend trete eine Schauspielertruppe auf. August habe gebettelt, die Aufführung sehen zu dürfen. „ ... und so gingen wir diesem Spiele beizuwohnen, aber dem Himmel sei's geklagt, das Lokal war sehr schlecht in einem Hause, wo kein einziges Fenster mehr ganz war. Der Terkalon (Schauspieler) hatte sein ganzes Gesicht feuerrot gemacht und sich rundum mit Sand gefüllten Därmern behängt, welche Schlangen vorstellen sollten, sodass bei seinem Wüten und Toben ein Darm davon aufging und den Musici im Orchester der Sand in die Augen flog, und wenn die Schauspieler ihren Gesang nicht fort gewinselt

Verwaltungsgebäude des VEB Möve-Werk, Langensalzaer Straße/ Ecke Lindenbühl und Goethe-Tafel (Fotos: Frank Schulz)

hätten, so hätten sie alles schließen müssen. Hier hat Augustchen ganz entsetzlich gelacht und sich darüber lustig gemacht. Doch hier von genug." /2/ Goethe bemerkte aus Göttingen an seine Frau Christiane ergänzend: „Geist hat indessen unsere Reise beschrieben, und ich habe nichts hinzuzusetzen."

Anlässlich der 75. Wiederkehr von Goethes Besuch in Mühlhausen initiierte man 1876 eine Gedenkfeier im Hotel „Schwarzer Adler", das sich etwa gegenüber der Martinikirche befand. Die Hausfassade war festlich geschmückt. Der Mühlhäuser Verschönerungsverein ließ zur Erinnerung an Goethes letzten Aufenthalt in Mühlhausen 100 Jahre später 1901 am Gebäude des Hotels rechts neben dem Eingang eine Erinnerungstafel anbringen. Auf ihr stand: „J. W. Goethe übernachtete hier auf der Durchreise am 5. und 6. Juni 1801". Die Tafel musste 1989 entfernt werden, als das damalige Verwaltungsgebäude des VEB Möve-Werk abgetragen und die Straße gegenüber der Martinikirche verbreitert wurde. Die Erinnerungstafel wird im Museum am Lindenbühl aufbewahrt.

Anlässlich des 100. Todestages Goethes würdigte Oberbürgermeister Dr. Hellmut Neumann am 24. Februar 1932 den deutschen Klassiker in einer Feier des „Bundes der Handwerker" in Mühlhausen. Er äußerte unter anderem: „Gerade in einer Zeit wie der unsrigen, die unsicher geworden ist in sich selbst, religiös erschüttert, zersplittert in Kämpfen, steht Goethe uns nahe als ein unvergängliches Symbol der irrenden Seele der deutschen. . . . Sein Wort ‚Revolutionen sind nicht die Schuld des Volkes, sondern immer der Regierenden', ist, als ob es heute den sich begeifernden Deutschen zugerufen werde." Im Goethe-Jahr 1949 - anlässlich des 200. Geburtstages des Dichters - benannte man den einstigen „Böhntalsweg" zwischen Eisenacher Straße und Felchtaer Landstraße in „Goetheweg" /3/.

Anmerkungen:

1 *Auener, Wilhelm: Goethes Bekanntschaft mit dem Mühhäuser Theater, in: Mühlhäuser Geschichtsblätter, 1927/28, S. 32*

2 *Auener, Wilhelm: a. a. O.*

3 *Hiersemann, Jens: Mühlhäuser Straßennamen, Bad Langensalza 2004, S.42*

Weitere Beiträge:

Fechner, Dieter: Goethe und Mühlhausen, 10teilige Serie, in: TA / MA, ab 30.07.1999

Auftritte der Schauspieltruppen im 19. Jahrhundert

1803 erwog der Mühlhäuser Rat, den Saal im oberen Stockwerk des Fleischhauses zu einem Theatersaal zu gestalten. Doch seit 1804 nutzte man das Fleischhaus als Proviantamt. In jener Zeit wurde auch in der Rathaushalle Theater gespielt. 1813 setzte der Rat durch, das Rathaus dürfe nicht mehr als Spielstätte genutzt werden. Danach spielte man oft in Gasthäusern, wie im „Schwan" am Kornmarkt oder im „Schwarzen Adler" gegenüber der Martinikirche /1/.
1817 trat in Mühlhausen die Schauspielergesellschaft Rathje auf /2/. Im Dezember 1818 gastierte das Erfurter Stadttheater mit dem Schauspiel „Die Martinsgänse" von Gustav Hagemann und dem Stück „Die Rosen des Herrn von Malesherbes" von August Kotzebue. Im September 1821 trat die auswärtige Truppe des Schauspieldirektors I. E. Ulbrich mit der komischen Oper „Der politische Zinngießer" und dem romantischen Schauspiel „Das Schweizer Mädchen" auf. Ferner wurden in jener Zeit den Mühlhäusern angeboten: das historische Schauspiel „Rudolph von Habsburg und König Ottokar von Böhmen" von Kotzebue, das Trauerspiel „Die Schuld" von Müllner, das Lustspiel „Das Vogelschießen" von Tenner und das Schauspiel „D. Martin Luther" von Klingemann. Der Schauspieler Radegast verschaffte sich zusätzliche Einnahmen mit Silhouettenmalen, wie im „Mühlhäuser Wochenblatt" vom 7. Oktober 1821 berichtet wird. Im folgenden Jahr tauchte die Ulbrich-Truppe wieder in Mühlhausen auf und spielte Stücke von Kotzebue, Müllner und Klingmann sowie das Lustspiel „Das Vogelschießen" in fünf Akten von Tenner. Im Juni 1822 gastierten Johanna Hufeland und Karl Bode mit dem romantischen Schauspiel „Das Alpenröslein ..." von Franz von Holbein /3/.
Im September 1823 gastierte Schauspieldirektor Karl Gerlach mit seiner Truppe in Mühlhausen. Nach F. W. Lucks Recherchen spielte sie:

- am 7. 9. „Deutsche Treue" , ein historisches Schauspiel in fünf Akten von Kleingemann
- am 8. 9. „Fanchen, das Leierkastenmädchen", Oper von Kotzebue, Musik: Friedrich Heinrich Himmel (1765 – 1814), der 1795 Hofkapellmeister in Berlin wurde
- am 10. 9. „Der Viehrisser", Lustspiel von Kotzebue
- am 12. 9. „Jacob und seine Brüder", große Oper von Etienne Nicolas Mehnl (1763 – 1817). Seine Oper „Joseph in Ägypten" stand im 20. Jahrhundert auf den Spielplänen.
- am 14. 9. „Otto von Wittelsbach", Schauspiel von Babo

Am 29. und 30. September 1823 erlebten die Mühlhäuser erstmals Carl Maria von Webers Oper „Der Freischütz“ an zwei Abenden. Das war bereits zwei Jahre nach der Uraufführung dieser Oper am 18. Juni 1821 in Berlin /4/.

In jener Zeit gelangten umherreisende Theatertruppen nach Mühlhausen, die meist an vier Abenden in der Woche auftraten. Sie hatten für die notwendigen Bühnenvorrichtungen selbst zu sorgen und waren auch dafür zuständig, Vorsorge für das Publikum zu tragen. Es galt, offene Fenster mit Vorhängen zu schließen, damit die Zuschauer nicht der Zugluft ausgesetzt waren.
Eine Wandertruppe spielte 1838 unter der „Direktion“ von Ernesto Tenner in Mühlhausen solche Stücke, wie: das Lustspiel „Der Bräutigam aus Mexiko oder Die Kartoffel in der Schale“, „Der Lichtensteiner oder Die Macht des Wahns“ (ein historisches Schauspiel aus der Zeit des Dreißigjährigen Krieges), das Lustspiel „Das Räuschchen oder Wer zuletzt lacht, lacht am besten“ /5/. In jener Zeit trugen die Theaterstücke noch Untertitel. Charlotte Birch-Pfeiffer war mit „Der Glöckner von Notre-Dame“, Kotzebue mit „Johanna von Montfaulcon“ und Nestroy mit der Posse „Zu ebner Erde und im ersten Stock“ vertreten. Von dem spanischen Dramatiker Calderon lernten die Mühlhäuser “Das Leben ein Traum“ kennen. Auch kleine Opern gingen in Mühlhausen über die Bretter, beispielsweise Vincenzo Bellinis Oper „Romeo und Julia“ und in der Bearbeitung von Holbein „Das Kätchen von Heilbronn“. Jenes Spielplanangebot gewährt einen Einblick, was man damals dem Mühlhäuser Publikum zur Unterhaltung und Zerstreuung vorsetzte /6/.

Anmerkungen:

1 *Bemmann, Rudolf: Theater und Schauspieler in der Reichsstadt Mühlhausen i. Th., in: Mühlhäuser Heimatgarten, 2/3/5/1924*
2 *Lucks, Friedrich Wilhelm: Zwei Kapitel Mühlhäuser Theatergeschichte, in: Mühlhäuser Heimatborn, 27.10. und 03.11.1956*
3 *Lucks, F. W.: a. a. O.*
4 *Sellmann, Adolf: Die Anfänge des Mühlhäuser Theaterlebens, in: Mühlhäuser Heimatblätter, 10/1920*
5 *- - : Mühlhäuser Theaterluft von einst, um 1835, in: Stadtarchiv, Akte 62/44, Bl. 58*
6 *Flaneur: Mühlhausens Theater in der Vergangenheit, in: Thüringer Volk, 06.06.1946*

Wende in der Mühlhäuser Theatergeschichte im „Bürenhof“ am Untermarkt

Im Mittelalter besaßen etliche Klöster der Umgebung der Freien Reichsstadt Mühlhausen in der Stadt ihre Wirtschaftshöfe, die so genannten Freihöfe oder Klosterhöfe. Jene Niederlassungen lagen innerhalb der Stadtmauer, wie die des Klosters Anrode in der Holzstraße 4, des Klosters Reifenstein am Steinweg und des Klosters Volkenroda am Untermarkt 17. Einer jener Klosterhöfe war der „Beurenhof“ oder „Bürenhof“ am Untermarkt 7 – wie ihn die Mühlhäuser nannten. Der einstige Wirtschaftshof des Klosters Beuren, jenes Zisterzienserklosters am Fuße des Scharfensteins bei Leinefelde, befindet sich gegenüber der Südseite der Divi-Blasii-Kirche. Das Eichsfelder Nonnenkloster hatte ihn bereits 1251 „aus bürgerlicher Hand“ erworben. 1810 wurde das Kloster Beuren verkauft, und somit wechselten auch die Besitzer des Beurenhofes in Mühlhausen.

Die Anfänge der Theatergeschichte in Mühlhausen sind im „Bürenhof“ am heutigen Untermarkt 7 zu suchen. Hier fanden im Saal im oberen

„Bürenhof“ (Hof des Klosters Beuren) am Untermarkt 7 (Foto: Jost Schilgen)

Stockwerk (135 Quadratmeter) Theateraufführungen vor durchschnittlich 120 Zuschauern statt. Der Saal wurde später in mehrere Zimmer aufgeteilt. Bereits 1806 wurde im „Bürenhof" das Lustspiel „Die komische Ehe" aufgeführt. Jenem Gesellschaftstheater gehörte eine Laientruppe von 51 Personen an. Unter Leitung „achtbarer hiesiger Bürger" wurde 1839 ein Verein von Theaterfreunden gegründet, der sich „Concordia" nannte. Er verfolgte die Absicht, „durch schuldlos angenehme Unterhaltung mittels theatralischer Vorstellungen die Zeit zu verkürzen, auch zugleich . . . zur Bildung junger Leute . . . beizutragen." In jenem Liebhabertheater fanden die beiden Aufführungen am 22. Dezember 1839 im „Bürenhof" am Untermarkt statt. Die Zuschauer drängten sich auf 120 Plätzen. Es wurden die Stücke „Schlafrock und Uniform" und „Der Nachtwächter" gespielt. Die Vorstellungen fanden „mit hübscher Decoration und Beleuchtung" statt, hieß es im „Gemeinnützigen Unterhaltungsblatt". Der Theaterverein „Concordia" zählte 1840 stattliche 110 Mitglieder /1/.
Beklagt wurde, dass in Mühlhausen keine entsprechenden Räumlichkeiten für Aufführungen vorhanden seien. In der Akte des Stadtarchivs über hiesige Gesellschaftstheater liegt vom Januar 1840 eine Abrechnung für Frisör, Beleuchtung, Saalmiete und ausgeliehene Bänke vor. In einem Brief vom 18. Februar 1841 bat der „Concordia" - Verein den Magistrat, im neuen Schauspielhaus der Herren Muthreich und Eisenhardt auftreten zu dürfen. Den Brief unterschrieben die Vorstandsmitglieder: Johann Jacob Michel, Georg Christoph Kornrumpf, H. Ackermann, Wilhelm Joedicke und andere. Die „Concordia" bat im gleichen Jahr, das Stück „Lenore" „zum Besten der unglücklichen Bewohner Ellrichs" im Schauspielhaus aufführen zu dürfen. Muthreich erhielt danach 6 Taler Saalmiete. Ein Gesellschaftsvorstand wandte sich am 18. Februar 1841 an den Magistrat und bat, ein Liebhabertheater im „Schwarzen Adler" einrichten zu dürfen. Er beabsichtige, „Abendunterhaltung pflegen zu dürfen." Ähnliche Liebhabertheater bestünden in öffentlichen Gasthäusern in Berlin, Erfurt und Heiligenstadt. In der Akte im Stadtarchiv Mühlhausen liegt aus dem Jahre 1852 eine Liste mit den Namen und Berufen von 128 Gesellschaftsmitgliedern vor /2/.
Am 21. April 1841 führten Laienkräfte des Liebhaber-Theatervereins Franz Grillparzers Schauspiel „Die Ahnfrau" auf, aber nicht im neuen Schauspielhaus. Dies alles reflektiert gleichsam die Theaterfreudigkeit der Mühlhäuser in jener Zeit, die ein ständiges Theater forderten /3/.

Die Mühlhäuser interessierten sich immer mehr für Theateraufführungen, aber es fehlte an einem geeigneten Saal.
Ein Gruppe Mühlhäuser Bürger gründete am 21. Dezember 1859 einen „Dramatischen Verein“, der sich als „geschlossene Gesellschaft“ betrachtete. Unter den zunächst 42 Mitgliedern waren unter anderem die Stadträte Dr. Wilhelm Schweineberg, Lutteroth und Leineweber, Bürgermeister Karl Anton Friedrich Engelhardt und Dr. med. Hermann Zimmermann. Die monatlichen Beiträge betrugen für eine Dame 5 Silbergroschen, für den Herren 15 Silbergroschen und für eine Familie 15 Silbergroschen. Das Vereinslokal befand sich bereits im Schauspielhaus An der Burg. Jener Verein wählte ein Direktorium mit vier Personen und verabschiedete ein Statut mit 11 Paragraphen. „Zweck des Vereins ist, sich gegenseitig gesellige Vergnügungen zu bereiten.“ Alle drei Wochen sollte eine Vorstellung stattfinden, an welche sich eine Tanzveranstaltung anschloss (mit Klavier). Zunächst wurden Beethovens „Egmont-Ouvertüre“ und das Lustspiel „Die Stiefmama“ von Görner gegeben. Wenig später folgte das Lustspiel „Der gerade Weg ist der beste“ von Kotzebue /4/.

A n m e r k u n g e n:

1 - - : Liebhabertheater in Mühlhausen, in: Gemeinnütziges Unterhaltungsblatt, 28.12.1839 (Stadtarchiv Mühlhausen/Thür., Nr. 86/25)

2 - - : Die Gesellschaftstheater in Mühlhausen 1839 bis 1866 (Stadtarchiv Mühlhausen/Thür., 11/261/17)

3 Lucks, Friedrich Wilhelm: Aus der Mühlhäuser Theatergeschichte, Stadtarchiv Mühlhausen/Thür., 86/57, Manuskript

4 - - : Die Gesellschaftstheater in Mühlhausen ..., a. a. O.

Zum Bau des Schauspielhauses An der Burg (1840)

Bereits 1839 erhob sich in Mühlhausen die Forderung nach einem ständigen Theater, aber die Stadtverwaltung nahm sich dieser Angelegenheit nicht an. Die Mühlhäuser Gastwirte Carl Ferdinand Muthreich und Carl Eisenhardt griffen dieses Vorhaben auf. Die Familie Eisenhardt hatte bereits die Schankhäuser in der Kühlingsgasse (Schaffentorstraße, später Klubhaus einer Sportgemeinschaft) und am Breitsülzenbrunnen erbaut. Reinhard Jordan berichtet im Band IV seiner Stadt-Chronik:

„Die Familie Eisenhardt . . . errichtete ein großes Gast-, Conzert- und Schauspielhaus an der Burg." /1/ Den beiden Gastwirten Muthreich und Eisenhardt war es zu danken, dass sich in Mühlhausen ein reiches Theaterleben entwickeln sollte. Muthreichs Schwiegersohn war der Mundartdichter Georg Wolff (1828 – 1919), der auch in der Gaststätte des „Berliner Hofes" tätig war, die sich links neben dem Eingang des Schauspielhauses befand. 1839/40 ließen die beiden Gastwirte ein „Gast-, Concert- und Schauspielhaus" An der Burg 5 in unmittelbarer Nähe der einstigen Burgmühle errichten.

„Das dreieinhalbgeschossige, 11 Achsen breite, isoliert stehende Haus trug alle Merkmale eines konfektionierten Spätklassizismus: eine Putzfassade mit flachem übergiebelten Mittelrisalit, gegliedert durch schmale Gesimse, die Fenster durch Putzfaschen gerahmt, diejenigen der Bel' Etage zudem durch schlichte Sturzgesimse betont." /2/
Das Gebäude erhob sich etwa gegenüber der Burg damals vollkommen isoliert. Zeitzeugen berichteten, ein großer Ofen am Eingang des Saales strahlte Wärme aus, dass die Balken krachten. Auf der anderen Seite der Bühne aber herrschte Eiseskälte. Folglich behielten viele Zuschauer ihre Oberbekleidung an, was bei Galavorstellungen im festlich erleuchteten Haus keinen ansprechenden Anblick bot.

Das einstige Schauspielhaus An der Burg (Sammlung: Mario Weingardt)

Am 14. Oktober 1840 wurde das Schauspielhaus mit einem Konzert unter der Leitung des städtischen Musikdirektors und Komponisten Albert Wilhelm Thierfelder (1807 – 1854) eingeweiht. An jenem Eröffnungskonzert, das am Vorabend des Geburtstages von König Friedrich Wilhelm IV. stattfand, nahmen 1100 Mühlhäuser teil. Am 6. Dezember 1840 wurde das Muthreichsche Schauspielhaus mit einem Prolog und dem Stück „Donna Diana oder Stolz und Liebe“, einem Lustspiel nach Moreto von August West, von der Lohmeyerschen Schauspieltruppe eröffnet. Lohmeyer und Tenner waren die ersten Theaterleiter im Schauspielhaus. Gespielt wurde zunächst an vier Tagen in der Woche. Es folgten im Dezember 1840: das Lustspiel in 4 Akten „Das bemooste Haupt oder Der lange Israel“ von Benedix, die Oper „Die weiße Dame“ von Boieldieu, das Lustspiel „Die Liebe im Eckhause“ von Cosmar und die Operette „Der Sänger und der Schneider“ von Eule. Die Eintrittspreise betrugen: 1. Rang-Loge und auch Parkett (dicht hinter dem Orchester) – je 10 Silbergroschen und Galerie (hinter dem 2. Rang) – 2 Silbergroschen. Die Bewohner aus Stadt und Land strömten in das neue Schauspielhaus An der Burg, sodass die Plätze auf den Bänken oft nicht reichten.
Im Januar 1841 hatte man den Berliner Hofschauspieler Carl Wilhelm Ferdinand Unzelmann (1753 – 1832) als Gast gewonnen. Er trat unter anderem in einer Benefiz - Vorstellung als Karl Moor in Schillers „Die Räuber“ auf. Damit beging Unzelmann das Jubiläum seiner 30-jährigen Theaterlaufbahn, die er in Weimar unter Goethe begonnen hatte. Unzelmann trat in seiner Glanzrolle als Edmund Kean auf. Jener Kean war als englischer Schauspieler in tragenden Charakterrollen in Werken Shakespeares aufgetreten /3/. Keans zerrüttetes Künstlerleben hatte Alexandre Dumas der Ältere (1803 – 1870) dramatisch in dem Werk „Kean oder Genie und Leidenschaft“ (1836) behandelt und gestaltet. Jean-Paul Sartre bearbeitete jenes Stück 1953 neu /4/.
Im Laufe der ersten Jahrzehnte war ein erfreulicher Aufschwung des Mühlhäuser Theaters zu verzeichnen. Auf dem Programm des Mühlhäuser Schauspielhauses standen unter anderem: „Kätchen von Heilbronn“ von Heinrich von Kleist, „Die Stumme von Portici“ von Adolph Adam und „Die Jungfrau von Orleans“ von Friedrich Schiller /5/. Ein besonderes Ereignis bildete am 24. Februar 1841 die Aufführung von Albert Lortzings Oper „Zar und Zimmermann“, die auf Grund des großen Andrang wiederholt werden musste /6/. Auch jene Oper war – wie Webers „Freischütz“ - zwei Jahre zuvor in Berlin uraufgeführt worden.

Das Schauspielhaus wurde in den folgenden Jahrzehnten auch zu Konzerten, Festen, Bällen und zahlreichen anderen Veranstaltungen genutzt. 1828 war in Mühlhausen der Gewerbeverein gegründet worden, der eine bedeutende Rolle der Stadt spielen sollte. Die erste Gewerbeausstellung eröffnete der Verein 1841 im Muthreichschen Schauspielhaus An der Burg. Sie fand einen beachtlichen Anklang.

A n m e r k u n g e n:

1 *Jordan, Reinhard: Chronik der Stadt Mühlhausen 1771 – 1890, Bd. 4, Bad Langensalza, S. 135*

2 *Korf, Winfried: Bauwesen und Bauwerk in Mühlhausen von 1800 bis zum 2. Weltkrieg I ., in: Mühlhäuser Beiträge, 6/183, S. 31*

3 *Flaneur: Mühlhäuser Theater der Vergangenheit, in: Thüringer Volk, 06.06.1946*

4 *Trilse / Hammer / Kabel: Theater-Lexikon, Berlin 1977, S. 145*

5 *Riehm, Willy: Hundert Jahre Schauspielhaus Mühlhausen, in: MA, 7./8.12.1940*

6 *Sellmann, Adolf: Die Anfänge des Mühlhäuser Theaterlebens, in: Mühlhäuser Heimatblätter, 10/1920*

Räumlichkeiten im Mühlhäuser Schauspielhaus

Der ursprüngliche Architekt des Schauspielhauses An der Burg konnte nicht ermittelt werden, zumal das Gebäude die beiden Privatleute Muthreich und Eisenhardt errichten ließen. Aus den Bauzeichnungen des Berliner Oberbaurates Nerlich, die dieser im Auftrage des Mühlhäuser Magistrats 1925 für einen Umbau vorlegte, ließen sich die ursprünglichen Räumlichkeiten entnehmen. Es fanden sich im Keller: zwei Wein- und zwei Bierkeller, ein Gemüse- und ein Kohlenkeller, Holzremisen, ein Wirtschaftsraum, eine große Küche und die Hausdienerwohnung. Nach dem Grundriss befanden sich in Bühnenhöhe an der Straßenseite von der linken Westeite aus: das große Theaterrestaurant mit einem Musikpodium und anschließend nach Norden der Ausschank, der Zugang zur Kegelstube und -bahn und ein Aufgang zum Kinosaal im oberen Stockwerk. Parallel zur Kegelbahn an der Westseite des Grundstücks verlief eine Gartenhalle. Rechts vom Restaurant erreichte man durch einen Zugang den dreiseitigen Umgang zum Zuschauerraum des Theatersaales, der von zwei Seiten erreichbar war. Im Umgang befanden sich zwei Kleiderablagen, Toiletten und zwei Aufgänge zum 1.

Rang. Orchestergraben, Bühne und ein hinterer Bühnenumgang waren an der Ostseite des Gebäudes. An der Nordseite des Zuschauerraumes lagen die Künstlergarderoben für die Damen.
Der Grundriss für den 1. Rang wies an der Westseite des Gebäudes über dem Restaurant den Kinosaal mit 315 Plätzen auf, mit Treppenaufgang und Vorhalle. Rechts von diesem befanden sich Foyer, Büffet, Toiletten

Restauranträume im „Berliner Hof" (Sammlung: Mario Weingardt)

und der Treppenaufgang zum 2. Rang des Theatersaales. Danach folgte der Zuschauerraum des Theaters mit 1. Rang, Hochbühne, zwei Vorräumen und zwei Aufgängen zum 2. Rang, zwei Kleiderablagen, eine Extratreppe zum Requisitenraum, Geschäfts- und Direktorenzimmer und den Künstlergarderoben der Herren. Der Grundriss für den 2. Rang zeigt wiederum von links: Kinosaal mit Empore (Parkett: 315 Plätze, Empore 85, insgesamt: 400 Plätze). Diese, einen Erfrischungsraum, Kleiderablagen und Toiletten erreichte man über zwei Aufgänge. Es folgten der Theatersaal mit 2. Rang, Rauchabzug über dem Orchestergraben, Hochbühne, zwei Treppenräume und Gänge links und rechts der Bühne. An der Nordseite waren über den Künstlergarderoben drei Requisitenräume und ein

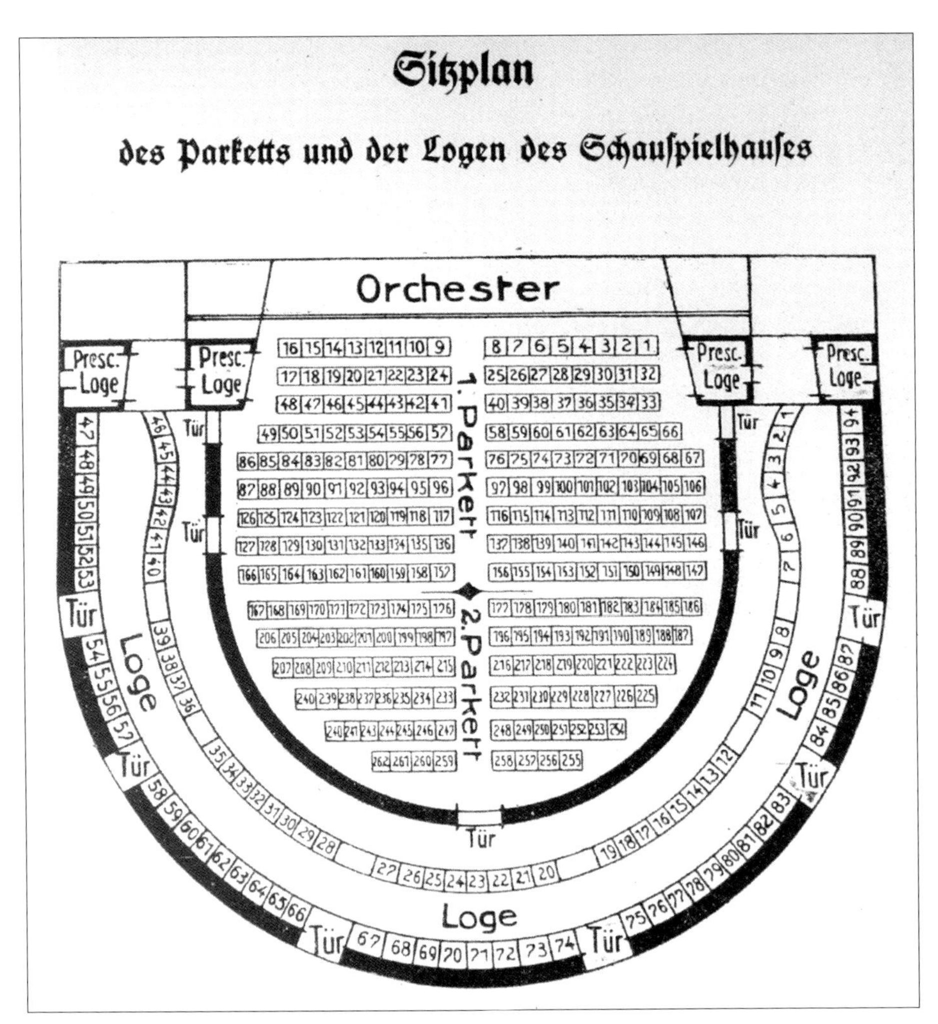

Sitzplan im Schauspielhaus (Sammlung: Stadtarchiv Mühlhausen/Thür.)

kleiner Malsaal. Im 2. Obergeschoss waren der Bodenraum, eine Gerätekammer und neun Kammern bzw. Stuben.

Anmerkungen:

Nerlich: Bauzeichnungen des Berliner Architekten von 1925 (Stadtarchiv Mühlhausen/Thür., 11/639/35)

Saal des Schauspielhauses An der Burg (Sammlung: Mario Weingardt)

Blick auf das Programmangebot 1842

Im Nachlass des Publizisten Friedrich Wilhelm Lucks (1902 – 1986), der dem Stadtarchiv Mühlhausen übergeben wurde, finden sich Programme zum Repertoire des Schauspielhauses aus dem Jahre 1842. Stadtarchivar Dr. Ernst Brinkmann (1887 – 1968) hatte, sie einst Lucks zur Verfügung gestellt, als dieser sich mit der Mühlhäuser Theatergeschichte beschäftigte. Das Verzeichnis der Vorstellungen im Abonnement weist für die Zeit vom 14. März bis 11. Mai 1842 folgende Werke auf, die nur eine Auswahl sein können:

„Zar und Zimmermann“ von Albert Lortzing, „Der Glöckner von Notre-Dame“ von Charlotte Birch-Pfeiffer, „Der Freischütz“ von C. M. von Weber, „Wilhelm Tell“ von Friedrich Schiller, „Der Barbier von Sevilla“ von G. Rossini, „Norma“ von V. Bellini, „Don Juan“ von W. A. Mozart, „Die Verschwörung des Fiesco von Genua“ von Friedrich von Schiller und „Die beiden Schützen“ von Albert Lortzing.

Die „Fürstlich Schwarzburg-Sondershausische Hof-Schauspielgesellschaft“ bot in Mühlhausen in ihrem „Theater-Journal“ für die Zeit vom 6. November bis 27. Dezember 1842 unter anderem an:

„Die Regimentstochter“ von G. Donizetti, „Die Nachtwandlerin“ von V. Bellini, „Der arme Poet“ von A. Kotzebue, „Der Barbier von Sevilla“ von G. Rossini, „Die Wasserträgerin“ von L. Cherubini, „Romeo und Julie“ von V. Bellini, „Robert der Wasserträger“ von G. Meyerbeer (mit zwei weiteren Vorstellungen), „Die Puritaner“ von V. Bellini und „Einen Jux will er sich machen“ Posse von J. N. Nestroy.
Im Schauspielhaus An der Burg fanden auch Konzerte, Bälle, Vorträge und Festveranstaltungen statt. Im Februar 1841 war es ein Konzert von 30 Gebirgsjägern aus den Pyrenäen. Während des „2. Abonnement–Concerts des Orchestervereins“ bot man den Mühlhäusern Werke von Beethoven, Mendelssohn-Bartholdy, Spontini, Weber, Aubert und Mozart. Im Kleinen Saal des Schauspielhauses musizierten Violinvirtuosen, wie Friedrich Mollenhauer am 28.11.1843 und Friedrich Weissenborn am 27.06.1844. Am 21. Februar 1845 fand ein „Großes Vocal- und Instrumental–Concert“ mit der Sängerin A. Micolino–Eckhold von der Oper in Amsterdam statt. Vielfach wurden Musikveranstaltungen in jener Zeit im Hotel „Schwarzer Adler“, im Saale des Ratskellers und am „Weißen Haus“ am Stadtwald durchgeführt. Im „Wochenblatt für den Mühlhäuser Kreis“ bietet Schauspieldirektor W. Böttner dem Publikum ab Ende Oktober 1845 einen Vorstellungszyklus an. Er preist die Novitäten seiner Opern- und Schauspielgesellschaft. Die erste Vorstellung ist das Lustspiel von Karl Gutzkow „Das Urbild des Tartuffe“.
Ein Zeitzeuge berichtete 1852, die Theatervorstellungen – die „Der dramatische Verein zu Mühlhausen“ alljährlich initiierte – erfreuten sich seit dem Winter 1838 großer Beliebtheit. Die Leistungen dieses Vereins seien im Vergleich mit denen in anderen Städten beachtlich. Das Interesse der Mühlhäuser an gehaltvollen Aufführungen war später sehr gering. Es sei am Kunstsinn der Bürger zu zweifeln, da es sie mehr zur „Sinneslust“ treibe, wie dem Auftritt einer Seiltänzer-Familie. Im gleichen Jahr kündigt Muthreich die Lustspiele an: „Eigensinn oder Gott sei Dank der Tisch ist gedeckt!“ von Roderich Benedix und „Witwer und Witwe“ von Holbein.

Anmerkungen:
Lucks, F. W.: Programme zum Repertoire 1842, aus dem Lucks – Nachlass (Stadtarchiv Mühlhausen/Thür.)
- - : Wochenblatt für den Kreis Mühlhausen, 18.10.1845, S. 485 und 08.05.1852, S. 300 und 02.10.1852, S. 630 (Sammlung Stadtarchiv Mühlhausen/Thür.)

Sorgen des „Theaterunternehmers“ um 1860

Carl Ferdinand Muthreich nannte sich selbst in seinen von ihm unterzeichneten Schriftstücken „Theater-“ oder „Schauspielunternehmer“. Friedrich W. Lucks verweist darauf, dass sich Muthreich bereits 1860 sorgenvoll über den Theaterbetrieb im „Mühlhäuser Kreisblatt“ geäußert habe. Er stand vor dem Problem, hohe Gagen zahlen zu müssen, aber die Eintrittspreise im Theateranrecht halten zu wollen. Im „Kreisblatt“ vom 3. November 1860 gab Muthreich bekannt, die engagierten Mitglieder seines Schauspielhauses seien „vorzugsweise für die Oper ausgebildet, weil sie von hier in das Engagement des Sondershäuser Hofes übergehen sollten.“ Anfang November 1860 standen nach Lucks’ Aufzeichnungen auf dem Mühlhäuser Spielplan: „Kean oder Leidenschaft und Genie“, Schauspiel in 5 Akten nach Dumas von Schneider, „Einer von unsre Leut’“, Posse mit Gesang in 3 Abteilungen und 9 Bildern von Berg und Kalisch, „Ernani der Bandit“, große Oper in 4 Akten von Verdi und „Ein Kind des Glücks“ Charakterlustspiel in 5 Akten von Charlotte Birch-Pfeiffer /1/. Im „Mühlhäuser Kreisblatt“ wird im März 1861 auf ein Gastspiel des Erfurter Stadttheaters verwiesen. Ab 30. März werden 16 Vorstellungen in Mühlhausen angeboten. Der Abonnementspreis für alle 16 beträgt: Loge – 4 Taler, Parterre – 2 Taler 20 Silbergroschen. Vom 30. Juni bis 15. August 1861 gastierte das „Tivoli“ in Mühlhausen mit 24 Vorstellungen /2/.

Theaterplakat aus dem Jahre 1884 (Sammlung Stadtarchiv Mühlhausen)

Muthreich und Eisenhardt errichteten 1872 „auf dem westlichen neben dem Schauspielhaus gelegenen Gartengrundstück ein neues Gebäude, das eine Wohnung, ein Musikzimmer und einen Saal für Ball- und Musikfestlichkeiten enthielt.“ Als der „Allgemeine Musikverein“ am 29. und 30. Oktober 1892 im Schauspielhaus sein 25-jähriges Stiftungsfest beging, gelangte Max Bruchs „Odysseus“ unter Leitung des Komponisten zur Aufführung. Auch die hiesige „Liedertafel“ feierte ihr 60-jähriges Stiftungsfest im Schauspielhaus An der Burg /3/.

Anmerkungen:

1 Lucks, Friedrich Wilhelm: Theatersorgen um 1860, in: Thüringer Neueste Nachrichten, 09.11.1957

2 - - : Mühlhäuser Kreisblatt, 02.03.1861, S. 152 und 05.06.1861, S. 383

3 Görner, Gunter / Kaiser, Beate: Chronik der Stadt Mühlhausen 1891 – 1945, Bad Langensalza 2004, S. 22, 55

Sommertheater in „Weymars Felsenkeller“ in der Spielbergstraße

Die Spielbergstraße hieß bis 1883 „Scherbengasse“. Hier kaufte 1862 der Bierbrauer Bernhard Gottfried Weymar ein großes Grundstück, das vorher ein Sand- und Steinbruch war. Ein Jahr später beantragte Weymar den Bau eines Felsenkellers bei der Obermühle. Er richtete auf dem ausgedehnten Gartengrundstück in der Spielbergstraße 54 einen Bier- und Kaffeegarten ein, baute eine Kegelbahn, eine Musikhalle, ein Gebäude mit mehreren Vereinsräumen und einem Saal mit Ranglogen, ein offenes Sommertheater und mehrere Kinderspielplätze. Der Besitzer Weymar bezeichnete sein Restaurant 1910 als „schönstes Garten- und Konzertlokal Thüringens mit Saal, 1 000 Personen fassend, mit kompletter Theaterbühne und Tonhalle für 100 Musiker.“ Somit wurde „Weymars Felsenkeller“ ab Ende des 19. Jahrhunderts zu einem beliebten kulturellen Zentrum für die Mühlhäuser.

Im Juli 1878 wurde in Weymars Felsenkeller in der Spielbergstraße 54 ein neuer Theatersaal für das Sommertheater eröffnet. Diesen erbauten der Architekt Koethe und der Maurermeister Weymar, während die Dekorationen die Gebrüder Brückner aus Coburg schufen. Zum Programmangebot des „Thalia-Sommertheaters“ zählten im Juli 1878 für die Mühlhäuser:

- die Zauberposse mit Gesang „Lumpaci Vagabundus“ von J. Nestroy und Müller (nach der Vorstellung folgten großes Feuerwerk und Illumination im Garten)

- das Schauspiel „Die Neuvermählten“ von Björnson und der Schwank „Aus Liebe zur Kunst“ von Moser / Conradi
- das Lustspiel „Ultimo“ von G. von Moser
- das Lustspiel „Das Gefängnis“ von Rod. Benedix
- das Volksstück „Ehrliche Arbeit“ von Bial
- das ländliche Charakterstück „Die Grille“ von Ch. Birch-Pfeiffer
- das historische Schauspiel „Philippine Welser“ von Oskar von Redwitz und
- das Schauspiel „Monsieur Alfonse“ von Alexandre Dumas Fils /1/.

Ende Oktober 1899 fanden jeweils 20 Uhr in „Weymars Felsenkeller“ „Kinematographen-Vorstellungen“ statt. Sie erfreuten sich eines regen Besuches. Es wurden unter anderem „Die Palästina-Reise des deutschen Kaiserpaares“, „Der spanisch-amerikanische Krieg“ und „Dreyfus vor dem Kriegsgericht in Rennes“ gezeigt. Der Eintritt kostete für den Sperrsitz 1 Mark, für den 1. Platz 75 Pfennig, für den 2. Platz 50 Pfennig und für die Galerie 30 Pfennig. Der „Mühlhäuser Anzeiger“ lobte die Vorstellungen mit den Worten: „Hervorzuheben und rühmend zu erwähnen

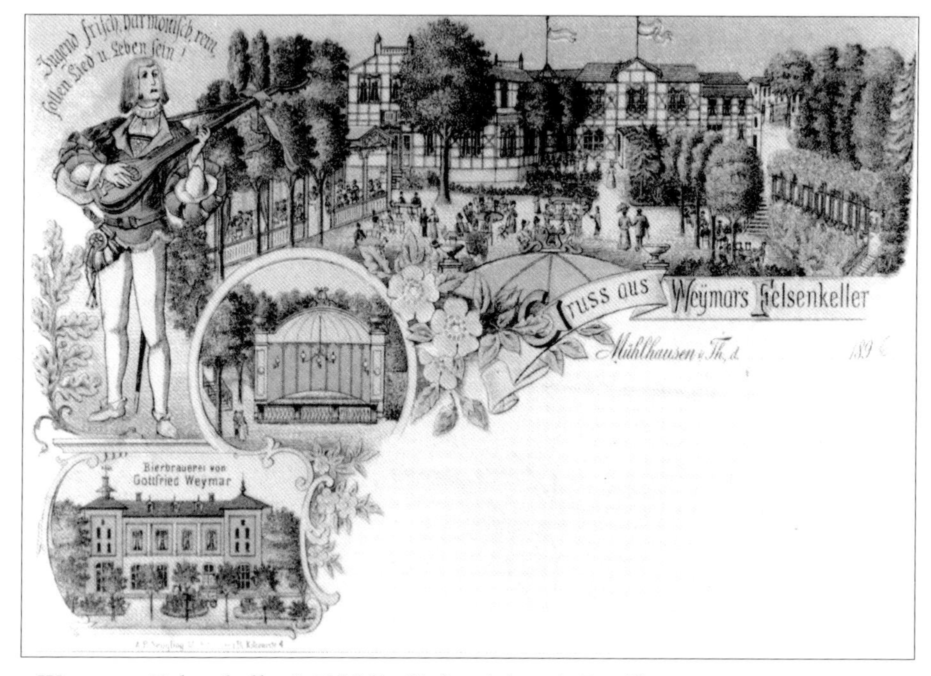

„Weymars Felsenkeller“ (1896), Hofansicht mit Pavillon (Sammlung: Bernd Seyfarth)

ist die mannigfaltige Abwechlung, mit der ein Bild dem anderen folgte und das exakte und präzise Arbeiten des Kinematographen." /2/
In der ersten Hälfte des 20. Jahrhunderts bildeten „Weymars Felsenkeller", der Stadtpark auf dem Rieseninger Berg und später die Sport- und Kulturstätte „Schwanenteich" für die Mühlhäuser beliebte Kulturstät-

„Weymars Felsenkeller" (2006) in der Spielbergstraße (Foto: D. Fechner)

ten. In den siebziger und achtziger Jahren des 20. Jahrhunderts befand sich in „Weymars Felsenkeller" in der Spielbergstraße die Mensa der Pädagogischen Hochschule, deren Hauptgebäude sich am Schillerweg befand. Bis mindestens in die siebziger Jahre fanden in „Weymars Felsenkeller" Gartenkonzerte und Boxkämpfe und danach unter anderem Faschings- und Kabarettveranstaltungen, Autorenlesungen und Rockkonzerte statt. Nach Schließung der Hochschule war das Gebäude in der Spielbergstraße dem Verfall preisgegeben. Die Boxer des SV 1899 Mühlhausen retteten den Mensa-Club, bauten ihn selbst mit Hilfe der Beschäftigungsgesellschaft des Landkreises (ProMo) um und eröffneten ihn im Juni 2005 /3/.

Anmerkungen:

1 - - : *Sommertheater in Weymars Felsenkeller, in: Mühlh. Anzeiger, 14.07.1878*
2 *Görner, G. / Kaiser, B.: Chronik der Stadt Mühlhausen 1891 – 1945, Bad Langensalza 2004, S. 73*
3 *Bachmann, Claudia: Vor dem Verfall gerettet, in: TLZ, 03.06.2005*

Ein Theaterereignis: „Die Borntrud" von Wilhelm Spiethoff

Zur 100. Wiederkehr des Geburtstages von Kaiser Wilhelm I. am 22. März 1897 war auch in Mühlhausen ein großes Festprogramm vorgesehen. Die Stadt beging den Ehrentag mit Gottesdiensten, Schulfeiern, einem Festumzug sowie der Aufführung des vom hiesigen Arzt Sanitätsrat Dr. med. Heinrich Spiethoff (1854 – 1941) verfassten romantischen Festspiels „Borntrud".

Heinrich Friedrich Leo Mathias Spiethoff wurde am 21. Februar 1854 in Arnsberg im Sauerland geboren. Er wohnte und praktizierte am Lindenbühl 11. Spiethoff leitete den Mühlhäuser Kriegerverein und war Vorsitzender der Schützenkompanie. Der Arzt war Logenbruder und Hochmeister des Jungdeutschen Ordens. Vor den Mitgliedern dieser Vereine hielt er antisemitische Reden. Heinrich Spiethoff starb am 9. März 1941 in Mühlhausen.

Sanitätsrat Dr. med. Heinrich Spiethoff (Sammlungen: Stadtarchiv Mühlhausen/Thür.)

Der Arzt schrieb Heimat verbundene Gedichte, wie „Hinaus in den Wald" und „Dämmerung im Walde", die in der „Festschrift zur Feier des 25-jährigen Bestehens

Einstige Villa Spiethoff am Lindenbühl 11 (Sammlung: Mario Weingardt)

des Waldvereins“ (1907) erschienen. Heinrich Spiethoff verfasste das romantische Festspiel aus Mühlhausens Vergangenheit die „Borntrud“. Der Verfasser griff auf herausragende Ereignisse in der Stadtgeschichte zurück. Bei seinen Recherchen beriet ihn der Stadtchronist Reinhard Jordan (1847 – 1916). Der Langulaer Pastor Johann Karl Ludwig Just (1826 – 1902) hatte das romantische Festspiel „Die blaue Blume. Ein Sommernachtstraum auf dem Kyffhäuser“ (1894/95) verfasst. Dieses regte Spiethoff dazu an, selbst ein Stück zu schreiben. „Im Kopfe war das Werk schon im Sommer 1896 fertig …“, bekannte der Verfasser. Das Vorspiel „Thors Hammer“ habe er bereits im Oktober 1896 geschrieben. Vom 16. Januar bis 5. Februar 1897 habe er erst die anderen Teile zu Papier gebracht. Er bekannte: „Es füllten sich die fliegenden Blätter, halbe Briefbögen, unbrauchbare Krankenscheine und Kontrollzettel mit fünffüßigen Jamben ... Ich habe nichts Vollendetes leisten wollen, nur der patriotische und wohltätige Zweck leiteten mich …“

Die Handlung des Stückes reichte von der „Heidenzeit an der Popperöder Quelle“ über den Platz am Erfurter Tor am Ende des 13. Jahrhunderts, den Aufenthalt der Königin Luise 1803 in der Stadt bis in die Zeit

Gast- und Brunnenhaus in Popperode um 1915
(Foto: Sammlung Bernd Mahr)

1897. Zu den Ereignissen aus der Mühlhäuser Geschichte zählten auch die sagenumwobene Entstehung der Popperöder Quelle, die Zerstörung der Burg 1256 und die Einleitung der Breitsülze in die Oberstadt. Im Mittelpunkt des Festspiels standen der gute Geist der Stadt - die Quellnixe Borntrud - und ihr Vater Bornalf, aber auch die Ritter Conrad von Schlotheim und Bernhard von Ammern, der Bischof Kristan von Mühlhausen, die Königin Luise von Preußen, Mönche, Bürger und Landleute. Die vereinigten Krieger- und Militärvereine der Stadt bildeten einen Aufführungsausschuss. Mit 2 000 Mark konnten die Aufführungen finanziell gesichert werden. Der Mühlhäuser Zahnarzt Ernst Ackermann, der 34 Jahre Vorsitzender des Waldvereins bis 1923 war, studierte das Stück von Spiethoff ein. Ihm zur Seite stand ein Tanzlehrer. Für die Musik zeichnete Carl Mengewein verantwortlich, der Direktor des Oratorien-Vereins und des Zwölf-Apostel-Kirchenchores in Berlin war. Der Mühlhäuser Malermeister Carl Michel (1851 – 1931) malte die Dekorationen, unter anderem das Brunnenhaus Popperode und "Luisenruh" am Hirschgraben.
Das „Volksschauspiel" wurde im März 1897 dreimal im Theatersaal des Schauspielhauses An der Burg aufgeführt und danach weitere fünfmal.

Das Stück nahmen die Mühlhäuser begeistert auf. Dem Verfasser überreichte man von den Krieger- und Militärvereinen drei übergroße Lorbeerkränze. Besonders die Darstellerinnen der Borntrud (Fräulein Clara Gonze) und der Königin Luise (Fräulein Minna Beyrodt) feierten die Zuschauer. Die beiden Damen erhielten schon bei der zweiten Vorstellung prachtvolle Lorbeerkränze. Im Mühlhäuser Schauspielhaus hatte man in jener Zeit folgende Eintrittspreise: Loge – 2, - - M, Parkett – 1,75 M, Parterre – 1,25 M, Parterre-Stehplatz – 1, - - M und Galerie - 0,25 M. Die Mühlhäuser Presse pries das Festspiel als „Glanzpunkt der Jahrhundertfeier“. Unter anderem hieß es: „Ein Hauptreiz sind die in das Festspiel eingewobenen Tänze der Quellnixen, der Breitsülzenmännchen und der Reigen der Kinder beim Brunnenfest.“ Auch in den Zeitungen der Umgebung war man des Lobes voll, und sie werteten das Stück als „dichterisches Werk von hinreißender Schönheit.“

Titelseite des Festspiels von Heinrich Spiethoff (Sammlung: Stadtarchiv Mühlhausen/Thür.)

Der Autor Heinrich Spiethoff ließ sein Stück „Borntrud“ im Selbstverlag drucken und schrieb vorher im „Mühlhäuser Anzeiger“: „Vorbedingung ist, dass wenigstens 1.000 Exemplare gezeichnet werden (vorbestellt – D. F.). Wir glauben, dass unsere Mitbürger sich rege an der Zeichnung beteiligen werden, da in keiner Mühlhäuser Familie ein Werk, das eine so schöne Verherrlichung der Vaterstadt darstellt, fehlen darf.“

Anmerkungen:
- - : „Borntrud“, in: Mühlhäuser Anzeiger, 24.03. und 25.03.1897
Görner, G. / Kaiser, B.: Chronik der Stadt Mühlhausen 1891 – 1945, Bad Langensalza 2004, S. 48
Fechner, Dieter: Literarisches Mühlhausen, Bad Langensalza 2005, S. 39

Umbau des Schauspielhauses 1899 / 1900

Vor Ende des 19. Jahrhunderts ließen die Gastwirte Muthreich und Eisenhardt Bühne und Zuschauerraum des Theaters grundlegend erneuern und die Wirtschaftsräume ausbauen und modernisieren. Im Oktober 1899 erhielt Muthreich die Genehmigung für den Umbau des Hauses von der königlichen Regierung. Die Bühne, die nicht mehr den Anforderungen der Zeit entsprach, sollte „in der Tiefe verkürzt und nach oben abgedeckt werden.“ Auswärtige Künstler erfüllte bisher großes Schaudern in Mühlhausen aufzutreten, da es auf der Bühne „sehr zog.“ Der Zuschauerraum wurde vergrößert, indem man einen Gang dafür nutzte. Die Logen verbreiterte man, da die obere Galerie wegfiel. Im Parterre gewann man mehr Stehplätze. Eine Zentralheizung wurde eingebaut.
Nach mehrjähriger Unterbrechung konnte am 4. Februar 1900 das Schauspielhaus wieder eröffnet werden. Der Theatersaal war umfassend renoviert worden. Die malermäßige Bühnenausstattung des Theaters hatten der Dekorationsmaler Otto Thomasczek (1854 – 1923) und der Malermeister Carl Michel (1851 – 1931) aus Mühlhausen vorgenommen. Die Deckenmalerei stellte ein Glasdach mit Ranken dar. An die Logen waren „Mühlhauen“ gemalt. Die Malereien fanden die begeisterte Zustimmung der Besucher. Thomasczek hatte acht Jahre vorher entsprechende Arbeiten am königlichen Schauspielhaus in Potsdam ausgeführt. „Die für die hiesige Bühne ausgeführte Dekorationsmalerei ist geradezu künstlerisch zu nennen. . . Alles verrät den Meister in seinem Fach, und Herr Thomasczek hat sich durch sein Werk ein bleibendes Andenken hier gesichert, “ hieß es 1900 im „Mühlhäuser Anzeiger“. Der Kronleuchter erhellte den Raum festlich. An Plätzen waren vorhanden: in den Logen 130, im Parkett 134 und auf der Galerie 300. Die bauliche Ausführung lag in den Händen des Maurermeisters Hochhaus.

1889 präsentiert sich das das Schauspielhaus in einer Annonce im Mühlhäuser Adressbuch (Sammlung: Stadtarchiv Mühlhausen)

Das Festprogramm zur Wiedereröffnung am 4. Februar 1900 sah vor: die Ouvertüre von Carl Maria von Weber, Prolog, „Winternacht“ (vorgetragen vom Männergesangverein „Liedertafel“), die Festrede von Dr. Heinrich Spiethoff, das Lied „Ein Todesritt“ (Männergesangverein „Harmonie“) und das Lustspiel „Post festum“ von Ernst Wiechert. Der „Mühlhäuser Anzeiger“ berichtete über die Einweihungsfeier: „Eine Ehrensache für jeden Mühlhäuser ist es jetzt, dieses Unternehmen kräftig zu unterstützen.“ Im Repertoire folgten im Februar 1900 unter anderem: „Im weißen Rös’l“, Lustspiel von Oskar Blumenthal und Gustav Kadelburg, „Die Fledermaus“, Operette von Johann Strauß und im März unter anderem „Gasparone“ von Zeller und Genee. Bereits am 26. August 1902 ging das Schauspielhaus „durch Kauf in den Besitz der Thuringia Brauerei (Firma August Schmidt) über. Die Übernahme erfolgte mit dem 1. Oktober des Jahres.“ Der bisherige Besitzer Ferdinand Muthreich bewirtschaftete als Pächter nur noch das Restaurant auf zehn Jahre. Sein Bruder Georg Muthreich übernahm das zu erbauende Kurhaus am Stadtwald. Der Kaufpreis für das Schauspielhaus betrug 162 000 Mark.

Anmerkungen:
- - : *Umbau des Theaters, in: Mühlhäuser Anzeiger, 12.10.1899*
- - : *Umbau des Schauspielhauses beendet, in: Mühlhäuser Anzeiger, 01.02.1900*
- - : *Schauspielhaus verkauft, in: Mühlhäuser Anzeiger, 27.08.1902*
- - : *Spielzeit im Herbst 1902, in: Mühlhäuser Anzeiger, 23.09.1902*

Theatersituation zu Beginn des 20. Jahrhundert

Bald stellte sich heraus, dass die Bühneneinrichtung unzulänglich war. Trotzdem fanden Aufführungen im Stadttheater Ende des 19. und Anfang des 20. Jahrhunderts großen Zuspruch. In der Spielzeit vom 5. Oktober bis 27. Dezember 1902 standen im Repertoire: „Angekaufte Novitäten“ (insgesamt unbekannte Stücke), „Projektierte Stücke“ (unter anderem von G. Freytag, O. Ludwig, A. Dumas, H. Ibsen, Sudermann und Björnson), „Klassiker“ (Goethes „Faust“, „Clavigo“, „Geschwister“, Schillers „Jungfrau von Orleanc“, „Fiesco“ und „Die Glocke“, Lessings „Nathan der Weise“, Kleists „Käthchen von Heilbronn“, Molieres „Der Geizige“ und „Tartuffe“ und Shakespeares „Hamlet“ und „Die bezähmte Widerspenstige“). Hinzu kamen drei literarische Abende („Maria Magdalena“ von F. Hebbel, „Gespenster“ von H. Ibsen und „Die Macht der Finsternis“ von L. Tolstoi) /1/.

Am 9. Mai 1905 fand eine zentrale Schiller-Feier anlässlich des 100. Todestages des Dichters im Schauspielhaus An der Burg statt. Das festliche Programm bestritten unter anderem das Stadtorchester und Gymnasiasten. Der Theaterdirektor Pousin aus Eisenach rezitierte Schillers „Lied von der Glocke“. Das Stadtorchester und junge, kostümierte Mühlhäuser gestalteten „lebende Bilder“ zu Schillers Ballade. Im „Mühlhäuser Anzeiger“ berichtete man: „Jubelnder Beifall belohnte die Darsteller für ihre Mühe . . . , dass sie das unsterbliche Meisterwerk in so künstlerischer Vollendung dem allgemeinen Verständnis zu dauerndem Gedächtnis begreifbar nahe gebrachten haben …“. In der Familienchronik Langhammer, die im Stadtarchiv aufbewahrt wird, finden sich Fotos von jenem Auftritt. Unter den Darstellern waren Söhne und Töchter damaliger Honoratioren der Stadt, wie: Grete und Arni Trenckmann, Hedwig Beyreiß, Walburga Spiethoff, Lotte Badstübner, Benno

Schiller-Festspiel „Die Glocke“ (1905) mit jungen Mühlhäusern anlässlich des 100. Todestages des Dichters (Foto: Sammlung Stadtarchiv, Langhammer-Chronik)

Kettner, Margot, Elisabeth und Hans Langhammer. Es waren die Kinder von Oberbürgermeister Dr. jur. Adolf Trenckmann, Dr. med. Heinrich Spiethoff, Gymnasiallehrer Dr. Emil Kettner und dem Kommunalpolitiker und Kulturförderer Max Langhammer.
Ebenfalls 1905 stifteten die Gymnasiasten anlässlich Schillers 100. Todestag einen Schiller-Gedenkstein. Dieser wurde nach einer Festveranstaltung im Gymnasium am Lindenbühl im Stadtpark auf dem Rieseninger Berg aufgestellt. Zum 200. Todestag des Dichters fand er im Mai 2005 einen neuen Standort am Anfang des Schillerweges.
Zu Beginn des 20. Jahrhunderts traten in Mühlhausen Theatergruppen aus Nordhausen, Eisenach, Meiningen und anderen Städten auf. Die Theaterbesucher erlebten Stücke, wie „Die Weber“, „Sonnenaufgang“ und „Der Biberpelz“ von Gerhart Hauptmann und die Operette „Der Graf von Luxemburg“ von Franz Lehar. Die bereits in der Stadt

Einweihung des Schiller-Gedenksteins 1905 auf dem Rieseninger Berg (Foto: Sammlung Bernd Seyfarth)

Ehrengäste am neuen Standort des Schiller-Stein am Schillerweg im Mai 2005 (Foto: Bernd Mahr)

vorhandenen vier „Lichtspieltheater“ boten Anderes an, scheinbar Ansprechenderes. Am 11. Januar 1913 entließ der Theaterdirektor Josef Bauer sein gesamtes Personal und stellte die Vorstellungen im Schauspielhaus ein /2/. Nach einer fünfmonatigen Saison in Mühlhausen musste im April festgestellt werden, dass man zwar 15-mal das Stück „Puppchen“ aufgeführt hatte, aber die Resonanz mehr als mäßig gewesen war. Stücke, wie „Filmzauber“ und „Große Rosinen“, zogen die Besucher nicht mehr ins Theater und die klassischen Stücke „Der Kaufmann von Venedig“ und „Don Carlos“ noch weniger /3/.
Zu Ostern 1914 begann in Mühlhausen die neue Spielzeit mit Direktor Heinz Tietjen aus Trier, der mehrere Opern vorstellte. Tietjen, der am 24. Juni 1881 geboren wurde, war später Generalintendant sämtlicher Staatstheater in Berlin. Als Dirigent, bedeutender Wagner-Regisseur und Leiter der Bayreuther Festspiele machte er sich einen Namen. Tietjen folgte in Mühlhausen eine Truppe Berufskomödianten unter einem Direktor Hübner. Diese riskierte während ihrer vierwöchigen Spielzeit auch Abstecher in die Nachbarstädte. Im Januar und Februar 1914 kündigte das Mühlhäuser Stadttheater im „Mühlhäuser Anzeiger“ dreizehn Stücke an, die jeweils mehrmals aufgeführt wurden. Unter der zumeist sehr „leichten Kost“ waren:

- „Im wunderschönen Mai“, Lustspiel von Ludwig Spannuth-Bodenstedt
- „Die goldene Eva“, Lustspiel von Schönthan und Koppel-Ellfeld
- „Puppchen“, Gesangsposse von Kraatz und Kren
- „Der heilige Florian“, Satire von Neal und Weichand
- „Ein Sommernachtstraum“ von Shakespeare (mit Musik)
- „Maria Stuart“, Trauerspiel von Schiller
- „Ein kostbares Leben“, Lustspiel von Benno Fröhlich und Harry Bosberg

Am 31. Juli 1916 wurde im Schauspielhaus eine Mittelstandsküche eröffnet. Anfang 1917 wurde in Mühlhausen ein „Ausschuss für Volksabende“ ins Leben gerufen. Er sollte „der unter der Not des Krieges leidenden Bevölkerung Gelegenheit geben, angemessene Ablenkung und Unterhaltung zu finden.“ Im ersten Jahr des Bestehens dieses Ausschusses fanden vier Konzerte, vier Theatervorstellungen, drei Vorträge und zwei belehrende Unterhaltungsabende statt /4/.

Ab 1917 befand sich das Stadttheater „in Privathänden“. Die Stadt unterstützte es mit finanziellen Beihilfen bis 1919 jährlich mit 5 000 M und erhöhte den Betrag 1920 sogar auf 35 000 M. Ende 1920 mietete die Stadtverwaltung die Theaterräume von der Thuringia–Brauerei für jährlich 16 500 M und stellte sie unentgeltlich dem Theaterdirektor für eine Spielzeit zur Verfügung. Daran war die Bedingung geknüpft, „gute Provinzaufführungen“ in Schau- und Lustspiel, Operetten und Possen zu bieten /5/.
Rückschauend schreibt der Mühlhäuser Intendant Rolf Ziegler über das deutsche Theater der Nachkriegszeit nach 1918 im „Mühlhäuser Anzeiger“: „Mit dem Donner des Krieges ließ die Spannkraft des deutschen Volkes mehr und mehr nach. Das deutsche Theater war in den vier Kriegsjahren auf einem Niveau angelangt, das nicht mehr zu unterbieten war. Der Geschmack war verflacht worden. Der Schauspieler Paul Wegener erntete nur noch Lorbeeren in der Provinz und nicht mehr in Berlin.“ /6/
„In den Jahren nach dem ersten Weltkrieg wurde das Schauspielhaus wegen angeblicher baulicher Unzulänglichkeiten polizeilich geschlossen. Vorübergehend diente es als Kino.“ /7/

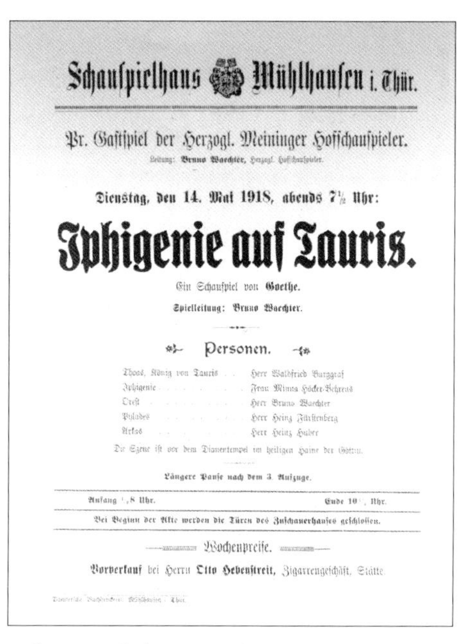

Theaterplakat aus dem Jahre 1918 (Sammlung: Stadtarchiv Mühlhausen)

Am 10. März 1920 fand im Schauspielhaus der 1. Kreisbauerntag des Landkreises statt. Am 14. Oktober des gleichen Jahres wurde im „Kaiserhof“ der Bühnenverein gegründet, der das Niveau des hiesigen Theaters heben sollte /8/. Ein Theaterskandal trug sich im Oktober 1920 zu /9/. Nach der Aufführung eines Stückes von Hermann Sudermann verübten halbwüchsige Jungen ein ohrenbetäubendes Pfeifkonzert, um ihr Missfallen über das Stück zu äußern. Die gleiche Gruppe hatte sich bereits bei anderen Aufführungen ähnlich verhalten, wie zum Beispiel bei Schillers „Kabale und Liebe“. Im „Mühlhäuser Volksblatt“

(23.10.1923) resümierte man: „Es sind bestimmte Kreise der deutschvölkischen Jugendbewegung, die den anmaßenden Dünkel ihrer ‚höheren' Bildung und ihres ‚verfälschten' Deutschtums in die Öffentlichkeit tragen, um diese in ihrem Geiste zu ‚reformieren'. . . Es ist der Geist der national sich gebärdenden Kreise, die den Machttraum des in den verwerflichsten aller Kriege restlos zusammengebrochenen bismarckschen und wilhelminischen Deutschland weiterträumen . . ."

Anmerkungen:

1 *Riehm, Willy: Hundert Jahre Schauspielhaus, in: Mühlh. Anzeiger, 7./8.12.1940*
2 *Görner, Gunter / Kaiser, Beate: Chronik der Stadt Mühlhausen 1891 -1945, Bad Langensalza 2004, S. 76, 174, 210, 257*
3 *Lucks, Friedrich Wilhelm: Zwei Kapitel Mühlhäuser Theatergeschichte, in: Eichsfelder Heimatborn, 27.10. und 3.11.1956*
4 *Görner, G. / Kaiser, B.: a. a. O.*
5 *- - : Sammelbericht der Stadt Mühlh. über die Verwaltungsjahre 1917 bis 1920 (Stadtarchiv Mühlhausen/Thür., 795)*
6 *Ziegler, Rolf: Das deutsche Theater der Nachkriegszeit, in: MA, Stadtarchiv, 62/43*
7 *Lucks, F. W.: Werden und Vergehen eines Theaters, in: Mühlhäuser Warte, 03/1957*
8 *Görner, G. / Kaiser, B. a. a. O.*
9 *R. S. : Theaterskandal, in: Mühlhäuser Volksblatt, 23.10.1920*

Debüt des erfolgreichen Schauspielers und Regisseurs Otto Graf 1920

Ende des 19. Jahrhunderts gelangte das Herzogliche Hoftheater in Meiningen zu einem weltweiten Ruf. Georg II., Herzog von Sachsen-Meiningen (1866 – 1914), ging als so genannter „Theaterherzog" in die deutsche Theatergeschichte ein. Kern seines Konzepts war es, die „Werktreue" der Stücke bei den Inszenierungen zu bewahren. Die Schauspieler hatten sich der Dichtung unterzuordnen. Von 1874 bis 1890 stellten die „Meininger" ihre Aufführungen in Gastspielen vor, die sie durch ganz Europa führten. Zugleich nahm Georg II. mit der Verpflichtung der Dirigenten Hans von Bülow und Franz Steinbach sowie des Komponisten Max Reger an die Meininger Hofkapelle Einfluss auf die Orchesterkultur des beginnenden 20. Jahrhunderts. Georg II. gilt als Begründer des modernen europäischen Regietheaters.

Otto Graf wurde am 28. November 1896 in Haina bei Meiningen geboren und wuchs in der Residenzstadt auf. Nach seiner Lehre in einer Hypothekenbank war er als Statist am Hoftheater Meiningen tätig. „Nach einigen Stunden Schauspielunterricht bei Erich Nowak und Heinz Huber debütierte er 1920 als ‚Jugendlicher Held und Liebhaber' am Stadttheater in Mühlhausen." /1/.Als nächste Stationen folgten die Bühnen in Gera, Weimar, Hannover und Frankfurt/Main. Gustaf Gründgens (1899 – 1963) holte ihn 1934 an das Berliner Staatstheater, wo er bis 1944 blieb. In den dreißiger Jahren

Der Schauspieler und Regisseur Otto Graf als „Faust" 1945 in Meiningen

Früheres Herzoglich-Meiningisches Hoftheater (Sammlung: Dieter Fechner)

gastierte Graf mehrfach am Meininger Theater und wurde als „Großer Sohn der Stadt“ gefeiert. Nach Wiedereröffnung dieser Spielstätte im Juni 1945 stellte er sich als Schauspieler und Regisseur zur Verfügung. Graf war als Faust und Hamlet zu bewundern. Er inszenierte in jenen Jahren unter anderem Ibsens „Nora“ und Goethes „Iphigenie“. Der Schauspieler war der erste Vorsitzende des Kulturbundes in Meiningen. Sein Weg führte ihn wieder nach Berlin zurück, und er gehörte 1952 bis 1962 zum Ensemble des Schillertheaters Westberlin unter dem Intendanten und Regisseur Boleslaw Barlog. Otto Graf „unterrichtete viele Jahre an der Max Reinhardt-Schauspielschule und gab bis Ende der sechziger Jahre noch Gastspiele. . . . Seit 1935 spielte er in über 40 Filmen, zeigte sich in anspruchsvollen Fernsehinszenierungen, arbeitete für Funk und Synchron. Anfang der 70er Jahre zog sich der Charakterdarsteller ins Privatleben zurück“ /2/. Der Schauspieler und Regisseur Otto Graf verstarb am 22. Februar 1977 in Westberlin. Der von seinem Freund und Vertrauten zusammengetragene künstlerische Nachlass gelangte im April 2003 ins Thüringische Staatsarchiv Meiningen.

Anmerkungen:

1 *Wachter, Volker: Künstlerischer Nachlass des Schauspielers und Regisseurs Otto Graf im Thüringischen Staatsarchiv Meiningen, in: Archive in Thüringen, 2/2004, S. 35*

2 *Wachter, Volker: a. a. O.*

Querelen am Schauspielhaus in den zwanziger Jahren

1920 sah man in Deutschland vielfach die Existenz des Theaters bedroht, da es in einer tiefen finanziellen Krise steckte. Die Finanznot veranlasste 1920 die Kommunen, die Theater zusammen zu legen, wie die in Naumburg, Jena, Weißenfels, Kahla und Apolda. Der Mühlhäuser Theaterdirektor Bruno Waechter beklagte: „Jahrzehntelang hat man die Bemühungen vieler ehrlich strebender Künstler, in Mühlhausen ein hochwertiges Theater zu begründen, zugesehen, ohne auch nur eine Hand zu ihrer Unterstützung zu rühren.“ Er apostrophierte 1920: „Mühlhausen hat heute ein Theater, welches sich in rein schauspielerischer Hinsicht zu den besten ganz Thüringens zählen darf.“ Waechter beklagte die Intrigen und die Ansicht, für ein Theater sei kein Geld vorhanden, dessen Direktion und Mitglieder „Spartakisten“ seien /1/.

Im Winterhalbjahr 1921/22 leiteten die Theaterdirektoren Heinz Huber und Bruno Waechter das Stadttheater. Sie gingen danach nach Nordhausen. In jener Spielzeit 1921/22 stand Strauß' Operette „Der Zigeunerbaron“ auf dem Programm.

1922/23 übernahm Rolf Ziegler die Intendanz am Mühlhäuser Schauspielhaus. In dieser Spielzeit, bot das Stadttheater Erfurt in Mühlhausen zusätzlich ein reichhaltiges Gastspielprogramm an. Darunter waren Operetten, Schau- und Lustspiele und Opern. Die Stadtverwaltung Mühlhausen zahlte zur finanziellen Unterhaltung des Stadttheaters folgende Subventionen für die Spielzeiten:
1921/22 – 80 000 RM und 1922/23 – 218 074,37 RM. In der Spielzeit 1923/24 übernahm die Stadt das Theater in eigene Regie und bestellte Rolf Ziegler zum Intendanten. Auf diese Weise konnte ein Überschuss von 8 401 RM erzielt werden.
1923/24 war es aufgrund der fortschreitenden Geldentwertung in Frage gestellt, den Theaterbetrieb aufrecht zu erhalten. Um dieses zu verhindern, wurde die Theaterbesucherorganisation „Volksbühne“ gegründet, worauf noch eingegangen wird. Im Winterhalbjahr 1924/25 war ein Zuschuss von rund 54 000 Mark erforderlich, um die Eintrittspreise niedrig zu halten. Die Stadt stellte wiederum das Theatergebäude frei zur Verfügung und übernahm die Kosten für Heizung, Beleuchtung, Reinigung und Instandsetzung des Gebäudes und des Theaterfundus /2/.
Friedrich Wilhelm Lucks stellte in seiner Übersicht die 48 Schauspieler zusammen, die zwischen 1919 bis 1924 in Mühlhausen auftraten. Von diesen erreichten nur wenige besonderen Bekanntheitsgrad aus heutiger Sicht.

Teil eines Theaterplakats aus den 20-er Jahren (Sammlung: Stadtarchiv Mühlhausen/Thür.)

A n m e r k u n g e n:

1 *Waechter, Bruno: Das deutsche Theater in Gefahr,*
in: Mühlhäuser Volksblatt, 17.06.1920

2 *- - : Sammelbericht der Stadt Mühlh. über die Verwaltungsjahre 1921 bis 1925 (Stadtarchiv Mühlhausen/Thür., 795)*

Erfolgreicher Start in Mühlhausen – Will Do h m (1921/22)

Am Mühlhäuser Stadttheater befand sich unter den Schauspielern in der Spielzeit 1921/22 Wilhelm Dohm, der später als Will Dohm (1898 – 1948) berühmt werden sollte. Im Theaterlexikon heißt es, er habe seine Karriere als Schauspieler in Mühlhausen begonnen. Will Dohm erinnerte sich, wie seine erfolgreiche Künstlerlaufbahn in Mühlhausen begann. Nach dem ersten Weltkrieg arbeitete er bei einer Kölner Bank und nahm nebenbei Schauspielunterricht bei Georg Kiesau. 1921 debütierte Dohm in Mühlhausen. Er erinnerte sich 1940, wie es dazu gekommen war in der „Berliner illustrierten Nachtausgabe“, aus der Passagen in der „Thüringer Gauzeitung“ (15.05.1940) abgedruckt wurden. Der junge Schauspieler suchte in Thüringen ein Engagement, stellte aber überall die Bedingung, gleich den Don Carlos spielen zu dürfen, was vielfach abgelehnt wurde. In Mühlhausen gewährte man ihm den Wunsch. Will Dohm erinnerte sich: „Das Mühlhäuser Theater befand sich in einem Gebäude, das zum Komplex eines Gartenlokals gehörte und für Aufführungszwecke umgebaut worden war. Der Zuschauerraum war klein, es gab nur einen Rang, und ein Teil der Garderoben lag über einem Schweinestall, sodass wir mitunter das Borstenvieh quietschen und grunzen hörten, wenn wir uns oben schminkten. ... Das ganze Etablissement hieß ‚Berliner Hof’, wir Schauspieler meinten deshalb scherzend, wir wären am Berliner Hoftheater engagiert.“ Dohm erinnerte sich ferner, es sei trotz der etwas beschränkten Verhältnisse „absolut künstlerisch gearbeitet“ worden, zumal die beiden Direktoren vorher Mitglieder des Weimarer Hoftheaters gewesen waren. Da für den Don Carlos kein „Goldenes Vlies“ vorhanden war, habe er sich eines aus Messing zusammen gehämmert und mehrfach auf den Daumen geschlagen. Folglich musste er sein Debüt mit umwickeltem Fin-

ger spielen – und war erfolgreich. Der Schauspieler erhielt viel Beifall – und drei Würste. In jener Nachkriegszeit dankten es die Zuschauer nicht mit Blumen, sondern mit Würsten. „Mit denen musste ich mich am Schluss des Stückes verneigen. So stand ich denn da als Don Carlos, in der einen Hand zwei Leberwürste in der anderen eine beachtliche Blutwurst.“ /1/ An anderer Stelle berichtet Will Dohm: „In Langensalza, wo wir manchmal gastierten, gab es nur eine Kulisse. Auf der Vorderseite zeigte sich ein Plüschsalon. Das Klavier war an die Wand gemalt. Auf der Rückseite prangte ein Jugendstilschlösschen mit Park und einer Fontäne. Vor dieser aufgemalten Fontäne sprach ich den herrlichen Monolog: ‚. . . vor dem brausenden Meer. . .’“ /2/. Im zweiten Akt hatte Dohm nur eine Minute Zeit, um die Uniform mit einem Frack zu wechseln. Während des folgenden Duetts und Tanzes raunte ihm seine Partnerin zu, dass seine Hose rutsche. Dohm setzte sich auf das Sofa, nahm die Partnerin auf seinen Schoß und versuchte während des Duetts seine Hose eilig in Ordnung zu bringen. Als die Partnerin zu entfliehen hatte, war es ihr nicht möglich, sie musste Dohm hinter sich her ziehen. In der Aufregung hatte er ihren weiten Tüllrock mit an die Hosenträger geknöpft. Das Publikum schüttelte sich vor Lachen, der jugendliche Held aber stand weinend in der Kulisse.
Für Will Dohm folgten in Mühlhausen Rolle auf Rolle, unter anderem: der Kosinsky in den „Räubern“ von Schiller, der Pylades in „Iphigenie“ von Goethe und der Ferdinand in „Kabale und Liebe“ von Schiller. Der Schauspieler lobte das Mühlhäuser Theaterpublikum, es sei „sehr kunstliebend“ gewesen, zumal die Künstler nach den Vorstellungen nicht nur Blumensträuße, sondern auch Geschenke erhielten. Der Schauspieler wohnte in Mühlhausen in einem Mansardenstübchen (wahrscheinlich am Steinweg) mit „reizvollem Blick auf die romantische Stadt“. Er stellte bald fest, dass sich im Nachbargebäude unter dem Dach das Lager eines Geschäfts für Delikatessen befand. Eines Abends kletterte er in Strümpfen auf dem Dach entlang, stieg ins offene Fenster und „verproviantierte“ sich mit Rollschinken, Würsten und Käse. Seine eingeladenen Kollegen staunten nicht schlecht über den reich gedeckten Tisch. Als Dohm vom Kölner Generalintendanten ein Telegramm erhielt, nach Weimar zu kommen, wo sich dieser gerade aufhielt, wussten das die Mühlhäuser Theaterdirektoren zu verhindern.

Will Dohm in einer Filmrolle
(Sammlung: Dieter Fechner)

Will Dohm floh nach der Vorstellung und eilte zum Mühlhäuser Bahnhof, um den letzten Zug nach Weimar zu erreichen. Erst im Abteil schminkte er sich ab. Er wurde in Weimar an das Kölner Theater engagiert, kehrte nach Mühlhausen zurück, um die Affäre in Ordnung zu bringen. Bevor er sein Engagement in Köln antrat, war er eine Spielzeit in Aachen tätig. Von Köln aus ging er nach Stuttgart, war ab 1928 viele Jahre an den Münchner Kammerspielen und danach ab 1937 am Staatstheater in Berlin verpflichtet. In Berlin wirkte er meist in Inszenierungen von Gustav Gründgens und entwickelte sich schnell zum Charakterspieler, aber auch zum Komiker. Sein Falstaff galt als einer der besten in der Rezeption dieser Rolle. Während der NS-Zeit versuchte Dohm der humanistischen Verantwortung seiner Kunst gerecht zu werden /3/. Nach 1945 war er wieder in München tätig. Zu verweisen ist auf zahlreiche Filmrollen Will Dohms.

Will Dohm war mit der Schauspielerin Heli Finkenzeller (1914 – 1991) verheiratet, die bei Otto Falckenberg Schauspielunterricht nahm und ihr Debüt an den Münchner Kammerspielen gab. Ab 1935 entwickelte sie sich zu einem großen UFA-Filmstar. Ihre Filmrollen - wie in „Der Mustergatte“, „Das Bad auf der Tenne“ und „Kohllieseis Töchter“ - waren immer heitervolkstümlicher Natur, oft recht freizügig und frivol, aber nicht

Will Dohm in dem Film „Das Bad auf der Tenne“
(Sammlung: Dieter Fechner)

seicht. Sie spielte in rund 40 Spielfilmen mit und im Fernsehen in den Serien „Unser Pauker", „Der Kommissar", „Schwarzwaldklinik" und „Das Traumschiff". Aus der Ehe von Will Dohm und Heli Finkenzeller ging der heutige TV-Star Gaby Dohm hervor, die 1943 als Gabriele Helena Anna Dohm in Salzburg geboren wurde. Mit fünf Jahren verlor sie den Vater, die Mutter starb 1991. Gaby Dohm wuchs mit ihrem Bruder in Berlin auf.

Anmerkungen:

1 *Weinschenk, H. E. / Dohm, W.: Lob des Mühlhäuser Theaterpublikums, in: Thüringer Gauzeitung, 15.05.1940*

2 *- - : „Der jugendliche Held von Mühlhausen". Die Hosen des Herrn Will Dohm, in: MA, 27.11.1943*

3 *Weinschenk, H. E. / Dohm, W.: a. a. O.*

Frank Wedekinds Stücke in Mühlhausen

Der Schriftsteller Frank Wedekind (1864 – 1918) war ein umstrittener Bühnenkünstler seiner Zeit und einer der bedeutendsten deutschen Dramatiker um die Wende vom 19. zum 20. Jahrhundert. Wedekind, der in Kabaretts seine Lautenlieder selbst interpretierte, war 1905/08 Schauspieler am Kleinen Theater in Berlin und an Max Reinhardts Deutschem Theater.

Aufsehen erregte Wedekind mit seinem Stück „Frühlingserwachen. Eine Kindertragödie" (1891). Der Autor griff in der Szenenfolge Pubertätsnöte bürgerlicher Jugendlicher in Schule und Elternhaus um 1890 auf. Im Mittelpunkt standen die unselig ineinander verstrickten Schicksale dreier Kinder. Wedekind predigte als Moralist die Befreiung des Sexus. Er kritisierte scharf, dass die natürlichen Triebe der Jugend heuchlerisch verpönt würden. Das Stück wurde nach der Buchausgabe 1891 als „unerhörte Unflätigkeit" von der Zensur verfolgt. Erst am 20. November 1906 ließ Max Reinhardt das Stück in den Berliner Kammerspielen aufführen. Wedekind gilt als „früher Pionier der Moderne", da er bereits Stilmittel wie Verfremdungseffekt und Montage nutzte. Frank Wedekind, der Anti-Naturalist der Jahrhundertwende, brach mit dem Naturalismus und schuf wesentliche Grundlagen einer neuen Dramaturgie und Schauspielkunst, auf denen der junge Bertolt Brecht und

Der Dramatiker Frank Wedekind (1864 – 1918) (Sammlung: Dieter Fechner)

Friedrich Dürrenmatt aufbauten. Wedekind ist neben Gerhart Hauptmann der bedeutendste kritisch-realistische Dramatiker der Wende vom 19. zum 20. Jahrhundert /1/.

Der Mühlhäuser Publizist Friedrich Wilhelm Lucks konnte 1958 im Stadtarchiv Mühlhausen die Theaterkritiken zu Wedekinds in Mühlhausen aufgeführten Stücken einsehen, die in den zwanziger Jahren in der Lokalpresse erschienen waren. Der Stücke Wedekinds nahmen sich 1919 bis 1922 am Mühlhäuser Schauspielhaus die Regisseure Heinz Hubert und Bruno Wächter und später bis 1924 Rolf Ziegler und Heinz Jasmin besonders an. Lucks schreibt: „Im Schauspielhaus Mühlhausen fanden innerhalb von knapp mehr als fünf Jahren folgende Wedekind-Premieren statt: ‚Der Kammersänger', mit Heinz Huber in der Hauptrolle am 27.08.1919; ‚Erdgeist' mit Huber, Wächter und Hetta Huber-Hiltrop am 3.12.1919" /2/. Nach einer Pause von über zwei Jahren folgte als Aufsehen erregendes Werk des Dichters am 16. März 1922 „Frühlingserwachen", dessen Uraufführung bereits 1906 in der Regie von Max Reinhardt erfolgt war. Die Theaterkritiken in der Mühlhäuser Presse waren recht unterschiedlich. Es hieß, manche Besucher hätten sich gefragt, was es so Sonderbares an der Problematik in Wedekinds Stück gewesen sei, da doch keinesfalls Außergewöhnliches dargestellt worden sei. Sicher vergaß man, dass das Stück weit vor dem ersten Weltkrieg entstanden war und in der Zwischenzeit eine gewisse moralische Umerziehung erfolgte.

Am 8. November 1922 brachte man in Mühlhausen Wedekinds Stück „Zensur" und Anfang Februar 1923 das Stück „Musik" – „ein ebenfalls

Mühlhäuser Schauspielhaus, Kunstpostkarte von Otto Thomasczek (1907) (Sammlung: Bernd Seyfarth)

außerordentlich gewagtes und bereits 1908 entstandenes ‚Sittengemälde'" /3/. Im Januar 1924 ging in Mühlhausen Wedekinds „Marquis von Keith" über die Bretter, über einen Bastard von Hauslehrer. Schließlich folgte am 1. Dezember 1924 „König Nikolo oder So ist das Leben" (der einzige König als Hofnarr). Lucks fasst zusammen, dass in jenen zwanziger Jahren in kurzer Zeit in Mühlhausen sieben Wedekind-Premieren stattfanden, die keinen Theaterskandal auslösten. 1912 bis 1914 erschienen Frank Wedekinds Werke in sechs Bänden und 1924 eine neunbändige Werkausgabe. Seine Stücke werden vereinzelt noch aufgeführt.

Anmerkungen:

1 *Pongs, Hermann: Lexikon der Weltliteratur, Band 3, Pattloch Verlag, S. 915*

2 *Lucks, Friedrich Wilhelm: Frank Wedekind und Mühlhausen, in: Mühlhäuser Warte, 6/1958, S. 63*

3 *Lucks, F. W.: a. a. O.*

Endlose Probleme mit dem Schauspielhaus in den zwanziger Jahren

Eine dreiteilige Akte im Stadtarchiv Mühlhausen vermittelt seit 1898 Auskunft darüber, vor welchen immensen Problemen und Aufgaben man im Schauspielhaus in Mühlhausen stand. Etwa im Jahre 1910 werden dreizehn verschiedene feuerpolizeiliche Mängel aufgelistet. Aus dem Pachtvertrag 1919/20 zwischen Ferdinand Muthreich und den Schauspielern Bruno Waechter und Heinz Huber ist zu entnehmen, dass vier Vorstellungen pro Woche gespielt werden mussten. Von den Einahmen erhielten die Pächter 70 Prozent und der Verpächter 30 Prozent. Das Schauspielhaus musste 1922 mit 80 000 RM subventioniert werden.

Über welches Inventar verfügte man im Schauspielhaus 1922? Im Stadtarchiv liegt ein Verzeichnis vor, das von Intendant Rolf Ziegler unterzeichnet ist. Es werden unter anderem genannt: 19 Prospekte (Grotten-, Wald-, Fels-, Kerker-, Stadtprospekt), 26 Stellkulissen, 56 Versatzstücke, 262 Stühle im Saal, einschließlich einem Kronleuchter mit 20 Armen und 7 Deckenbeleuchtungen über dem 1. Rang, 15 Klappstühle und zwei Bänke im 2. Rang. Dem Orchester standen 20 Stühle, 18 Notenpulte und 2 Podien zur Verfügung. An Räumen waren im Schauspielhaus vorhanden: Theaterbüro, 5 Theatergarderoben und ein Fundusraum /1/.

Stadtrat Dr. jur. Hellmut Neumann – der spätere Oberbürgermeister - beklagte 1924 im „Mühlhäuser Volksblatt“ die kommunalpolitische und geistige Situation des Theaters in der Stadt. Der ganzseitige Beitrag war betitelt “Das Mühlhäuser Gesinnungstheater“. Es werde „nur mit den Augen des nüchtern rechnenden Kaufmanns angesehen . . .“ Die Stadtverwaltung habe eine Niederlage erlitten, da der „Bühnenverein“ das Recht erhalten habe, jedes von der Stadt vorgeschlagene Stück abzulehnen. „Rechtlich hat die Stadt sich damit der Meinung eines Außenstehenden unterworfen und den Bankrott ihres eigenen künstlerischen Urteils erklärt.“ Der Stadtrat resümiert: „Wir haben also . . . ein Gesinnungstheater geschaffen . . .“ Er bezieht sich auf einen Beitrag des Dramatikers Franz Düllberg in der „Deutschen Allgemeinen Zeitung“. Dieser apostrophierte: „Ich will im Theater kein Glaubensbekenntnis ablegen.“ /2/

Anmerkungen:

1 - - : *Unterhaltung des Schauspielhauses (Stadtarchiv Mühlhausen/Thür. 11/639/33 und 34)*

2 *Neumann, Hellmut: Das Mühlhäuser Gesinnungstheater, in: Mühlhäuser Volksblatt, 13.09.1924*

Als „Berliner Hof" erbautes Schauspielhaus (Sammlung: Bernd Mahr)

Dringende bauliche Veränderungen 1924

Für das Mühlhäuser Schauspielhaus lag bereits 1922 ein Kostenvoranschlag für eine Bühnenbeleuchtung von 60 000 RM und ein weiterer „für weitere Instandsetzungen und Veränderungen“ von 60 114 RM vor. Ein Jahr später musste die Heizung im Theater für 101 982 RM repariert werden. 1924 sollte für den bisherigen „schadhaften und schwer beweglichen Wellblechbühnenvorhang mit Rollenzug“, ein „eisener Schutzvorhang“ von einer Berliner Firma für 5 000 Goldmark angeschafft werden. Im gleichen Jahr beklagte Intendant Ziegler in einem Brief an Oberbürgermeister Walter Arnold (1882 – 1933) den mangelhaften Zustand der Fenster, sodass „Zugluft, Regen und Schnee direkten Zugang zum Zuschauerraum haben“. Nach einer baupolizeilichen Revision 1924 wurden acht Mängel beanstandet. Aus dem Jahre 1926 liegt ein Kostenvoranschlag für bauliche Sicherungsmaßnahmen für 21 Positionen in Höhe von insgesamt 2 500 RM vor. Die einst renommierte Mühlhäuser Baufirma Karl Louis Müller unterbreitete ein Angebot für 1 290,60 M. Im August jenes Jahres listete der Erfurter Regierungspräsident in einem fünfseitigen Schreiben ausführlich die zahlreichen Mängel im Schauspielhaus auf, detailliert nach Zuschauerraum (5 Hauptpunkte), Bühnenhaus (11 Hauptpunkte) und Lichtspieltheater (3). Als Beispiele seien genannt: die Umgangs- und Eingangsflure seien nur 3,10 m breit und müssten nach Vorschrift 8 m breit sein. Die Ausgänge ins Freie seien zu schmal. Die Flure seitlich der Bühne seien zu schmal. Für die Kleiderablage von

Annonce, Mühlhäuser Adressbuch 1919 (Sammlung: Stadtarchiv Mühlhausen)

vorhandenen 11 m Tischlänge müssten es 25 m sein. Die Treppe zum 1. Rang sei viel zu schmal, dafür seien 3 Treppen nötig. Aus all den Gründen könne die Winterspielzeit 1926/27 nicht gestattet werden.

Vom 13. November 1926 liegt ein „Randbericht“ des preußischen Ministers für Volkswohlfahrt aus Berlin vor. Dieser umreißt die Situation einleitend wie folgt: „Die konstruktive Beschaffenheit des Baues (hölzerner Fachwerkbau), seine Lage über einer Gastwirtschaft, nur getrennt durch eine Holzbalkendecke, seine Verbindung mit einer Wohnung und vor allem die gemeinschaftliche Unterbringung eines Kinos und eines Theaters in einem Gebäude mit einem einzigen Hauptausgange von gänzlich ungenügenden Breitenabmessungen, lassen die Benutzung des Theaters aus feuer- und verkehrspolizeilichen Gründen . . . unmöglich erscheinen.“ Daraufhin legte der Magistrat einen Bericht am 11. Dezember 1926 vor, in dem 19 verschiedene ausgeführte Veränderungen genannt werden.

Anmerkungen:
- - : vgl. Anm. 1, S. 71

Beachtliches Projekt für einen Umbau 1925 - aber abgelehnt

Mitte der zwanziger Jahre erwog der Mühlhäuser Magistrat, das in Privatbesitz befindliche Schauspielhaus zu kaufen und umbauen zu lassen. Ende 1924 wandte sich dieser an den Nordhäuser Magistrat und erbat die Anschrift des Architekten, der das dortige Stadttheater konzipiert hatte.
Oberbürgermeister Walter Arnold teilte dem Berliner Architekten Nerlich mit, das Theatergebäude sei gegenwärtig im Besitz einer Brauerei. Der Ankauf hänge davon ab, ob das Haus durch umfangreiche Umbauten sich zu einem bespielbaren Theater wieder herstellen lasse. Deshalb bitte er Nerlich als „Theatersachverständigen“ um ein Gutachten. Der Berliner Architekt besichtigte das Gebäude in Mühlhausen. Er vertrat in seinem Gutachten vom 16. Februar 1925 den Standpunkt, „dass es technisch möglich ist, das alte Theater im größeren oder kleineren

Sinne neuzeitlich auszubauen und ich einen Kauf des Theaters im Interesse Mühlhausens durchaus für zweckmäßig halte.“ Im Falle eines Umbaus besäße das Mühlhäuser Bühnenhaus einen größeren Raum als andere Theater. Der Ankaufpreis von 135 000 Mark sei angemessen, ja sogar billig. Aus dem elfseitigen Gutachten des Architekten ist zu entnehmen: „Der bauliche Zustand ist gut, wenn auch eine gewisse Vernachlässigung im Innern des Theaters anzumerken ist.“ Bühnenhaus und Bühneneinrichtung seien besonders hinsichtlich der Räume für Schauspieler und Dekoration „gänzlich unzulänglich“. Es fehle an getrennten Garderobenräumen und notwendigen Magazinen, wofür sechs Aufbewahrungsräume notwendig seien. Bühnenfußboden und Souffleurkasten müssten gesenkt werden und der Orchestergraben tiefer gelegt werden. Denn: „Eine gut eingerichtete Bühne ist die Seele eines guten Theaters und erspart bei Aufführungen Arbeit, Zeit, Ärger, Mühe und nicht zuletzt Geld“ (Nerlich). Das Zuschauerhaus sei verbaut, die Treppenanlagen seien unübersichtlich, Ein- und Ausgänge „viel zu eng“. Das Restaurant müsse auf Grund der Theatergänge und der Treppe zum Kino verkleinert werden, ließe sich aber durch das Vereinszimmer und kleinere Räume vergrößern und könnte von Theater- und Kinobesuchern besucht werden. Der Architekt empfahl dem Mühlhäuser Magistrat, das Gebäude zu erwerben, zumal ein Umbau „fast um ein Drittel billiger sein würde als ein völliger Neubau“.
1925 legte Nerlich noch einen detaillierten vierzehnseitigen „Erläuterungsbericht zum Umbau ...“ und vier Bauzeichnungen vor. Aus ersterem seien einige weitere Hauptschwerpunkte genannt: Die Lage des Grundstücks sei günstig, da es sich auf einem Eckgrundstück befinde und eine Zufahrt zum Hof zwischen Schauspielhaus und „Tannhäuser“ (heute: Gebäude der Telekom) möglich sei. Nachbargrundstücke müssten nicht in Anspruch genommen werden. Die Zugänge zu Theater, Kino und Restaurant seien zu trennen. Das Zuschauerhaus müsse von der Straße aus erreichbar sein „durch einen architektonisch stark betonten runden Haupteingangsvorbau mit vier breiten hohen Eingangstüren zum Theatervestibül. Von diesem führen sechs Zugänge mit Windfang vom Umgang aus zum Parkett und den Rängen“. Nach dem Umbau würden insgesamt 710 Plätze vorhanden sein (1. Rang – 160, 2. Rang – 200, Parkett – 350). Stehplätze wären nicht mehr vorgesehen. Nach dem Aus- und Umbau des Bühnenhauses sollten Aufenthaltsräume für Schauspieler, Mitarbeiter, Frisör, Musiker und Direktion vorhanden sein, ferner zehn Magazinräume. Die Bühne sollte drei Gassen und eine

hintere Plateauversenkung erhalten. Das Filmtheater umfasste einschließlich der Emporen 400 Plätze. Der Aus- und Umbau sollte in bestimmten Bauabschnitten innerhalb von einem bis eineinhalb Jahren erfolgen. Der Berliner Architekt veranschlagte die Gesamtkosten mit insgesamt 300 000 Mark. Oberbürgermeister Walter Arnold dankte in einem Brief vom 7. April 1925 Nerlich für die Pläne und die Baubeschreibung /1/. Er teilte mit, die Stadtverordnetenversammlung „hat mit den bürgerlichen Stimmen gegen die demokratischen, sozialistischen und kommunistischen Stimmen den Ankauf abgelehnt". Die Sitzung „war äußerst stürmisch". Der Mittelstand geriet in helle Aufruhr und fürchtete weitere Steuererhöhungen infolge des Schauspielhausprojektes. Es folgte eine hitzige Debatte in der Zeitung, während der sich Oberbürgermeister Arnold heftigen Angriffen ausgesetzt sah. Dieser resümierte: „Es macht müde, für eine Stadt zu arbeiten, in der Engherzigkeit die Grundrichtung ist, während sich in den meisten anderen Städten frisches Leben regt." In einem weiteren Schreiben erbat der Berliner Architekt für sein Gutachten und die Projektbearbeitung 2 630, — Mark. Er äußert Interesse daran, die Kornmarktkirche für ein Theater umzubauen. Doch auch dieses bereits bewilligte Projekt scheiterte am Widerstand der Mühlhäuser. In zwei Bürgerversammlungen artikulierte sich ein solch heftiger Widerstand, dass das Vorhaben gekippt wurde. Die Wurzeln des Protestes lagen wiederum im Mittelstand bzw. der Wirtschaftspartei. - Bevor Oberbürgermeister Walter Arnold Mühlhausen verließ und nach Gera ging, erteilte er den Stadträten noch eine geharnischte Philippika: „Die Entwicklung in Mühlhausen steht still . . . Wenn nicht bald ein frischer Geist in die städtische Körperschaft einzieht, dann kann ich Ihnen nur ein Monument auf dem Postplatz vorschlagen: Darauf steht ein Mann, der sich die Zipfelmütze so recht befriedigt über Augen und Ohren zieht. Auf das Denkmal aber schreiben wir: ‚Die verschlafene Stadt'." /2/.

Muthreich ließ 1926 eigene Umbaupläne für das Schauspielhaus bei dem Berliner Architekten Carl Ch. Lörcher erstellen, der das Kriegerdenkmal auf dem Stadtberg für die Mühlhäuser Gefallenen im ersten Weltkrieg entwarf.

Anmerkungen:

- - : *Gutachten und Pläne für den Umbau des Schauspielhauses ab 1924/25, (Stadtarchiv Mühlhausen/Thür., Reg.-Nr. 11/639/ 35)*

Uhmann, Sabine: Mühlhausen in der Weimarer Republik – der Weg in die Volksgemeinschaft (Redemanuskript 2004), S. 10

Ziele des Kunstvereins „Volksbühne“

Ende des 19. Jahrhunderts strebte man in Deutschland eine Volkstheaterkultur an, indem man eine Besucherorganisation schuf. In Berlin wurden 1890 die „Freie Volksbühne“ und 1892 die „Neue Freie Volksbühne“ gegründet. Deren Initiatoren waren in Berlin unter anderem Franz Mehring und Bruno Wille. Beide Vereine schlossen sich 1914 zum „Verband der freien Volksbühnen“ zusammen. Deren Ziel war es, die einfachen Menschen an das Theater heranzuführen, ihnen Theaterbesuche finanziell zu ermöglichen, aber auch die Theaterprivilegien der bürgerlichen Klasse abzuschaffen. Mitglieder der „Volksbühne“ sollten einmal im Monat für geringes Entgelt eine Vorstellung besuchen können. Jener Kunstverein entwickelte sich zur größten Massenorganisation der Theaterbesucher in Deutschland, sodass er bald 500 000 Mitglieder zählte. Um 1930 gingen die Mitgliederzahlen allerdings auf ein Zehntel zurück.

Nach dem ersten Weltkrieg entstanden Volksbühnen-Organisationen über Berlin hinaus. Im Jahre 1920 verfügte der Verband der deutschen Volksbühnen über 290 Ortsvereinigungen mit 350 000 Mitgliedern /1/.

In Mühlhausen legte nach Ende des ersten Weltkrieges die Volkshochschule besonderes Interesse für Theateraufführungen an den Tag. Im Spätsommer 1921 setzten sich einige Mühlhäuser dafür ein, dass im folgenden Winter 55 Theaterabende stattfinden konnten. Am 31. Januar 1922 fand im städtischen Jugendheim Hinterm neuen Brunnen die Gründungsversammlung des Kunstvereins „Volksbühne Mühlhausen i. Th.“ statt. Dem ersten Vorstand jenes Vereins gehörten Mühlhäuser Theaterfreunde aus vielen Berufsgruppen an, wie: der Holzbildhauer Artur Braun, der Bürodirektor Wilhelm Blunck, der Metallarbeiter Emil Holzapfel, der Studienrat Werner Baumgarten, der Kassierer Wilhelm Hehr, der Malermeister Willy Holder, der Kaufmann Alfred Jantzen, Stadtrat Dr. jur. Hellmut Neumann, der Kaufmann Georg Alberti, der Amtsgerichtsrat Dr. Hans Drost und der Sozialdemokrat Hugo Haase. Erster Vorsitzender des Vereins war in Mühlhausen Dr. Flatter, diesem folgte Oberbürgermeister Walter Arnold und danach Oberbürgermeister Dr. Hellmut Neumann. Bereits am Gründungstag waren etwa 1 200 Mitglieder vorhanden. In einem Aufruf, den elf Mühlhäuser Vereine unterzeichnet hatten, hieß es: „Werdet Mitglieder der Volksbühne!“ Es gelte auf breiter Basis, „ein gemeinsames Kulturwerk zu schaffen“. Die

Initiative hatten der hiesige Bildungsausschuss des Gewerkschaftskartells und die Volkshochschule ergriffen. Die „Volksbühne“ übernahm die in den Vorkriegsjahren begonnene Aufgabe, „breiten Bevölkerungsschichten mit möglichst geringem Geldaufwand hochwertige Darbietungen auf dem Gebiet der darstellenden Kunst und Musik zu vermitteln.“ /2/

Schauspieler, die 1924/24 in Mühlhausen auftraten (Sammlung Mario Weingardt)

Die „Volksbühne“ nahm Einfluss auf die Gestaltung des Spielplanes. Sie bot an 120 Abenden 24 Stücke an, sodass jedes fünfmal über die Bretter ging. Die Mitglieder konnten Ganz-, Halb- oder Viertelabonnements erwerben: für 180 Mark, 90 Mark bzw. 45 Mark. Auch Teilzahlungen waren möglich. Es waren ca. 4 000 Voll- bzw. Teilabonnements nötig, um die Kosten von 360 000 Mark aufbringen zu können /3/. Zunächst wurden vier „Spielgemeinden“ gebildet und eine fünfte angestrebt. Jede hatte jeweils andersfarbige Eintrittskarten. Auf Grund der Mitgliedskarte wurden 45 Minuten vor Beginn der Aufführung die Plätze ausgelost. Das heißt: Bei viermaligem Besuch erhielt jedes Mitglied mindestens dreimal gute Plätze. Trotzdem beklagte man bereits im Oktober 1922, dass bei den vier Aufführungen des „Nathan“ jeweils ca. 60 Plätze unbesetzt blieben und bei den vier Aufführungen eines Lustspieles im Dezember jeweils ca. 80 Plätze. Jedes Mitglied des Verbandes hatte Sitz und Stimme in der Mitgliederversammlung. Es galt einen Vorstand zu wählen und jeweils eine Kommission für die Spielplangestaltung und die Musikveranstaltungen. Die Mitgliederzahl erhöhte sich innerhalb eincs Jahres von 1 200 auf annähernd 2 000. In der Spielzeit 1922/23 wurden von der „Volksbühne“ 107 Aufführungen des hiesigen Schauspielhauses abgenommen /4/. Die anfängliche Mitgliederzahl stieg bis 1923 auf 2 500 an. „Der ‚Volksbühnenverein’ verfügte über ein eigenes Theaterensemble und konnte somit auch den Spielplan eigenverantwortlich gestalten.“ /5/

Publikationsorgane des Vereins waren „Die Volksbühne“, “Die Volksbühnenkorrespondenz“ und „Dramaturgische Blätter“. Diese fanden eine Ergänzung, da der Mühlhäuser Vorstand eine kleine Bibliothek eingerichtet hatte, in die Werke weniger bekannter jüngerer Dramatiker aufgenommen wurden. Der Mühlhäuser Verein gab die Monatszeitschrift „Kunst und Volk“ heraus, die allen Mitgliedern zugestellt wurde. Dieses öffentliche Nachrichtenblatt sollte das Kunstverständnis wecken und fördern. 1924 erschien in „Kunst und Volk“ der Text des Thomas-Müntzer-Dramas von Paul Gurk (1880 – 1953), „das von den Preisrichtern mit zwei anderen aus tausenden von Einsendungen heraus preisgekrönt und wahrscheinlich im Laufe der Spielzeit auch hier zur Aufführung gelangt.“ /6/ Gurks Müntzer-Stück wurde bereits am 4. März 1923 in Breslau uraufgeführt und am 11. Januar 1933 in einer Hörspielbearbeitung gesendet. Seit 1625 sind über zwanzig Dramen über Müntzer geschrieben worden, wie von Martin Rinckart, Hermann Rollet, Max Trümpelmann, Erich Kohlrausch, Berta Lask, Carl Leyst, Friedrich Wolf, Dieter Forte, Klaus Kleineidam, Bernd Schremmer und Lothar Gitzel. Als erstes Müntzer-Drama wurde das von Theodor Adelbert Schröder am 27. September 1846 am Hoftheater in Braunschweig nur einmal aufgeführt.

Thomas Müntzer – Figur in zahlreichen Dramen (Sammlung: Dieter Fechner)

In der Spielzeit 1923/24 des Mühlhäuser Schauspielhauses bot man 138 Aufführungen an. Bis 1923 verpflichteten die Intendanten Huber und Wächter das Meininger Schauspielensemble mehrfach nach Mühlhausen /7/. In der Zeit der Inflation waren ebenfalls horrende Eintrittspreise zu zahlen. In einer Annonce der „Volksbühne" heißt es in der „Mühlhäuser Zeitung" (25.10.1923): „Infolge der weiteren fortgeschrittenen maßlosen Geldentwertung muss der Einheitspreis für die nächsten Vorstellungen bis auf weiteres auf 500 Millionen Mark pro Person festgesetzt werden."

A n m e r k u n g e n:

1 *Trilse / Hammer / Kabel: Theater – Lexikon, Henschel Verlag, Berlin 1977, S. 587*
2 *Rommel, Eberhard: Der Mühlhäuser „Volksbühnenverein" (1922 – 1927), in: Mühlhäuser Wochenblatt, 23.05.1991*
3 *Riehm, Willy: Hundert Jahre Schauspielhaus Mühlhausen,*
4 *Flatter: Der Weg zur Volksbühne, in: Mühlh. Volksblatt, 19.01.1922*
5 *Görner, G. / Kaiser, B.: a. a. O.*
6 *Rommel, Eberhard: a. a. O.*
7 *- - : Zeitschrift der „Volksbühne", in: Mühlh. Volkszeitung, 22.08.1924*

W e i t e r e B e i t r ä g e:
- - : Was jedes Mitglied der Volksbühne wissen muss, in: Mühlh. Volksb.,27.09.1922
- - : Volksbühne, in: Mühlhäuser Volksblatt, 04.02.1922
- - : Gesamtausschuss der Volksbühne, in: Mühlh. Volksblatt, 08.02.1922

Zum Repertoire der „Volksbühne“

Rückschauend ist auf die Theateraufführungen im Dezember 1923 / Januar 1924 in „Pflüger. Monatsschrift für die Heimat“ (1924) folgendes nachzulesen. Intendant Rolf Ziegler bot den Mühlhäuser Theaterfreunden in jeder Hinsicht ausgereifte Schauspielaufführungen, wie das Lustspiel „360 Frauen“ von Hanss und Johanna von Wetzel. Als der Oberspielleiter Adolf Callenbach sein 40-jähriges Bühnenjubiläum feierte, wurde Shakespeares Lustspiel „Was ihr wollt“ erfolgreich aufgeführt. Im Schauspielhaus spielte man die Tragödie „Dies irae“ des Wiener Dichters Anton Wildgans. Als Weihnachtsgabe inszenierte der Intendant Ziegler „Das Märchen vom Wolf“ von Franz Molnar. Danach folgte eine Aufführung von Henrik Ibsens „Gespenster“ mit den Darstellern Helene Heyse und E. G. Schiffner /1/. Der „erfolgreiche Tanzrevolutionär“ Rudolf von Laban (1879 – 1958) trat mit seinen Tänzern in Mühlhausen auf. Jener „ungarische Tänzer, Tanzpädagoge und – theoretiker schuf unter Ablehnung des klassischen Balletts den Ausdruckstanz“. Als Rudolf von Laban noch in Zürich als Tänzer tätig war, schrieb er das Buch „Die Welt des Tänzers“ /2/.

Die Aufführung einer vielleicht wirklich etwas zweifelhaften Pfarrhauskomödie war 1924 dann der Auslöser, dass konservative Mühlhäuser gegen die Volksbühne auftraten. „Als Gegenorganisation gründete der Fabrikant Hugo Krüger eine so genannte ‚Deutsche Bühne’ und wollte ‚wieder deutsche Kunst anbieten. Nicht länger kann es mit angesehen werden’, schreibt er, ’dass dem Theaterpublikum sittlich, religiös und politisch verletzende Stücke geboten werden’.“ /3/

Für die Spielzeit 1925/26 überließ die Stadt wiederum die von der Thuringia-Brauerei gepachteten Theaterräume kostenlos dem Intendanten Ziegler und steuerte eine Beihilfe von 15 000 RM bei. Die Kosten bis 3 000 RM für die Instandsetzungsarbeiten des Gebäudes, die Beleuchtung und Heizung trug die Stadtverwaltung ebenfalls und ferner weitere 3 000 RM für die Ergänzung des Inventars und die Bühnendekoration. Die Gesamtausgaben der Stadt für das Theater betrugen folglich 26 331,37 RM. Zu Beginn der Spielzeit 1926/27 ordnete die Aufsichtsbehörde die Schließung der Theaterräume, insbesondere in feuerpolizeilicher Hinsicht, an. Mit Rücksicht auf die Verträge mit dem Schauspielern siedelte das Ensemble ins provisorisch hergerichtete Jugendheim um. Jenes war am 24. Mai 1914 Hinterm neuen Brunnen

Jugendheim als zeitweilige Spielstätte (Sammmlung: Bernd Seyfarth)

eröffnet worden (heute: Stadtjugendhaus „Geschwister Scholl“). Nach den baulichen Veränderungen erfolgte die Freigabe des Schauspielhauses am 17. November 1926. Obgleich man den Besuchern moderatere Eintrittspreise anbot, blieben viele Plätze leer, sodass der Intendant Rolf Ziegler Anfang Dezember 1926 als Intendant zurücktrat. Die Subventionen von 15 000 RM waren restlos aufgebraucht. Die Schauspieler bildeten eine Notgemeinschaft. Mit weiteren 8 000 RM Subventionen ermöglichte es die Stadt, die Spielzeit fortzuführen. Die Gesamtkosten betrugen 36 703,94 RM /4/.

Die „Volksbühne“ bot den über 400 Theaterfreunden in Mühlhausen in den Jahren 1922 bis 1927 in öffentlichen Aufführungen unter anderem folgende Werke:

- Im Winterhalbjahr 1922 /1923 waren es: Lessings „Nathan“, Strauß' „Waldmeister“, Gorkis „Nachtasyl“, Ibsens „Peer Gynt“, Kotzebues „Die deutschen Kleinstädter“, Anzengrubers „Gewissenswurm“, Shaws „Der Arzt am Scheidewege“, Offenbachs „Die schöne Helena“, Hauptmanns „Fuhrmann Henschel“, Shakespeares „Was ihr wollt“, Millöckers „Gasparone“, Hebbels „ Maria Magdalena“ und andere.

- *1924: „Die tolle Lola“, Opern-Abende, wie Lortzings „Waffenschmied“ u. a.*
- *1925: Luther- und Müntzer-Aufführungen, „Maria Stuart“ von Schiller u. a.*
- *1926: Gastspiel des Oberbayrischen Bauerntheaters, „Lohengrin“ von Wagner*
- *1927: „Minna von Barnhelm“ von Lessing u. a. /5/.*

Einstiges Theatergebäude in Gotha, 1945 abgebrannt, 1951 als Landestheater aufgelöst

Bereits 1919/20 kamen in Gotha in der Spielzeit 23 Opern und 39 Schauspiele zur Aufführung. Ab 1925 gaben die Gothaer Gastspiele in Eisenach, Bad Langensalza und Waltershausen. In Gotha besuchten die Mühlhäuser Theaterfreunde die Aufführungen von: „Die Meistersinger von Nürnberg“ von Wagner, „La Traviata“ von Verdi, „Der Rosenkavalier“ von Strauss und „Fidelio“ von Beethoven. In jedem Jahr fand jeweils im Frühjahr ein „Volksbühnenfest“ statt. Seit 1924 erschien das Nachrichtenblatt der „Volksbühne“ in Mühlhausen „Kunst und Volk“ /6/. 1927 standen im Repertoire in Mühlhausen:

- 10 Schauspiele (wie: Ibsens „John Gabriel Bormann“, Grillparzers „Medea“, Hebbels „Gyges und sein Ring“)
- 13 Lustspiele und Operetten (wie: Lessings „Minna von Barnhelm“, Leo Falls „Der fidele Bauer“, Zuckmayers „Der fröhliche Weinberg“) 9 Opern: Wagners „Lohengrin“ und „Meistersinger“, Verdis „Troubadour“, Puccinis „La Boheme“, Strauss’ „Rosenkavalier“ und Beethovens „Fidelio“) /7/.

Bereits im September 1922 beklagte man in der Mühlhäuser Presse, manche sähen in der „Volksbühne“ eine „Art Konsumverein“. Der Verein sei eine große Gemeinschaft, „die nicht aus einem bloßen Unterhaltungs- und Amüsierdrange das Theater füllt, sondern die nach des Tages Last und Drang in den Kunsttempel kommt, um dort innere Befreiung und Kraft für den neuen Tag zu sammeln.“ Letztlich sei es Hauptaufgabe der „Volksbühne“, das wahre deutsche Nationaltheater zu schaffen /8/.

Aus einer Übersicht über die Aufführungen der „Volksbühne“ von 1921/22 bis 1926/27 in Mühlhausen ist zu entnehmen, dass in sechs Jahren insgesamt 129 Theaterstücke und 17 Opern und Operetten den Mühlhäusern angeboten wurden. Die Theaterstücke erlebten durchschnittlich vier bis sechs Aufführungen. Darunter waren:

Goethes „Egmont“ und „Laune des Verliebten“, Gorkis „Nachtasyl“, Hauptmanns „Die Weber“, „Rose Bernd“, „Michael Kramer“ und „Der Biberpelz“, Kleists „Der zerbrochene Krug“, Tolstois „Der lebende Leichnam“, Lessings „Nathan der Weise“, „Emilia Galotti“, Schillers „Die Räuber“, „Don Carlos“, „Fiesco“ und „Maria Stuart“, Shakespeares „Hamlett“, „Der Kaufmann von Venedig“ und „Was ihr wollt“,

Kornmarktkirche (1901), mögliche Spielstätte
(Sammlung: Bernd Seyfarth)

Shaws „Pygmalion“ und Zuckmayers „Der fröhliche Weinberg“. Außerdem fanden 1926/27 noch neun „Opernfahrten“ nach Gotha statt /9/. Resümierend kann festgestellt werden, das Wirken des „Volksbühnenvereins“ stellte in den zwanziger Jahren eine bedeutende Bereicherung des Kulturlebens in Mühlhausen dar.
1927 schlossen sich die folgenden Lichtspieltheater zu der Firma „Vereinigte Mühlhäuser Lichtspiele GmbH“ zusammen: Schauspielhaus-Lichtspiele An der Burg (oberer Saal mit 520 Plätzen, unterer Saal mit 420 Plätzen), Central-Palast an der Stätte (mit 800 Plätzen) und Thuringia-Lichtspiele am Steinweg (mit 980 Plätzen). Folglich wurde das Schauspielhaus auch für Filmvorführungen genutzt. Geschäftsführer der GmbH waren die Kaufleute Wilhelm Schmidt und Ferdinand Muthreich.
Am 30. März 1927 genehmigte die Stadtverordnetenversammlung mit 20 gegen 11 Stimmen den Umbau der Kornmarktskirche in ein Theater. Die Kosten für den Umbau veranschlagte man auf 300 000 bis 340 000 Mark. Gleichzeitig beschlossen die Abgeordneten, das Gymnasiums-Gebäude am Lindenbühl zum Museum umzubauen. Bereits am 13. Dezember 1927 zog die Stadtverordnetenversammlung den Beschluss über den Umbau der Kornmarktkirche in ein Theater zurück /10/. Im gleichen Jahr war der Neubau der Gaststätte am Schützenberg fertig gestellt, zu der ein großer, ein kleiner Festsaal und ein Billardzimmer gehörten.

Anmerkungen:

1 *Scheele, Friedrich Hans: Schauspielhaus Mühlhausen, in: PFLÜGER, 1924, S. 43*
2 *- - : Bertelsmann Universal Lexikon, Gütersloh 1991, S. 488*
3 *Uhmann, Sabine: Mühlhausen in der Weimarer Republik – der Weg in die Volksgemeinschaft, (Redemanuskript, 2004)*
4 *- - : Sammelbericht der Stadt Mühlh. über die Verwaltungsjahre 1925 und 1926*
5 *- - : Zeitungsauswertung mit den öffentlichen Darbietungen der Volksbühne (Stadtarchiv)*
6 *- - : Kunst und Volk, Nachrichtenblatt der Volksbühne Mühlhausen 1927*
7 *- - : Über den Spielplan der Volksbühne, in: Mühlh. Volksblatt, 011.04.1927*
8 *- - : Das Wesen der Volksbühne, in: Mühlh. Volksblatt, 26.09.1922*
9 *Haase, A. Hugo: ADGB Denkschrift des Ortsauschusses Mühlhausen anlässlich des 30jährigen Stiftungsfestes 1928. Tätigkeitsbericht 1898 – 1927, S. 84*
10. *Görner, G./ Kaiser, B.: Chronik der Stadt Mühlhausen 1891 – 1945, S. 303, 308*

AUS für das Schauspielhaus An der Burg 1928

Friedrich Wilhelm Lucks berichtet, er habe aus dem städtischen Verwaltungsbericht 1925/26 ersehen, „dass die Stadt das inzwischen von der Thuringia-Brauerei gepachtete Theater vom 15.09.1925 bis 30.04.1926 ‚wiederum' dem Intendanten Ziegler kostenlos überlassen" habe /1/. Bedingung war allerdings, „dass der Intendant ein Schauspiel zu pflegen hatte, wie es auf einem guten Provinztheater üblich ist." Ferner stand es Ziegler frei, Opern-, Operetten-, Tanzvorführungen und Vortragsabende zu bringen. 1925 wurde der „Berliner Hof" der Mühlhäuser Stadtverwaltung zum Kauf angeboten. Die Stadtverordnetenversammlung lehnte den Ankauf des Schauspielhauses ab. Am 31. August 1926 sperrte die Erfurter Regierung das Gebäude wegen aufkommender Einsturzgefahr und aus feuerpolizeilichen Gründen.
Am 3. Oktober begannen die Vorstellungen im Saal des städtischen Jugendheimes Hinterm neuen Brunnen (heute: Stadtjugendhaus „Geschwister Scholl"). Man erwog wieder, die Bühne in die Kornmarktkirche zu verlegen, die ausgebaut werden sollte. Der Ausbau des Stadtjugendhauses oder „Weymars Felsenkeller" (Bürgergarten) in der Spielbergstraße wurden verworfen. Die Stadtverwaltung bezuschusste das Stadttheater Mitte der zwanziger Jahre mit 15 000 DM und trug die Kosten für die Beleuchtung und die Heizung (3 000 DM). Am 17. November 1926 wurde das Schauspielhaus für den Spielbetrieb nochmals freigegeben /2/. Letzter Intendant des Mühlhäuser Stadttheaters war Rolf Ziegler, der im Dezember 1926 von seinem Amt zurücktrat. Unter der Leitung von Emmerich Noseda und Friedrich Ernst Haase bildete sich kurzzeitig eine „Notgemeinschaft" der Schauspieler.

Im Winterhalbjahr 1927/28 waren Gastspiele des Gothaer Theaters in Mühlhausen geplant. Trotz moderater Eintrittspreise mussten bereits nach der ersten Vorstellung die sechs weiteren abgesagt werden. Das Mitteldeutsche Landestheater gab in Mühlhausen sieben Aufführungen am Schützenberg, darunter vier Lustspiele, eine Tragödie und ein Schauspiel. Die Spielzeit dauerte vom Oktober 1927 bis April 1928. In der Saison 1928/29 fanden gerade noch fünf Theatergastspiele am Schützenberg statt, obwohl zehn vorgesehen waren. Darunter waren zwei Lustspiele und eine Komödie. Der „Volksbühnen e. V." zahlte für jede Vorstellung eine Beihilfe von 300 RM für Reklamezwecke /3/. In den folgenden Jahren fiel sie ganz weg.

Schauspielhaus und Restaurant
(Sammlung: Mario Weingardt)

Ein erforderlicher Theater-Neubau mit einem Kostenaufwand von 500. 000 RM konnte auf Grund der wirtschaftlichen Notlage der Stadt nicht realisiert werden. „Die im Jugendheim veranstalteten Aufführungen vermochten nicht zu befriedigen.“ /4/ „Trotzdem ging der Vorstand der ‚Volksbühne' den Spielvertrag mit dem ‚Mitteldeutschen Landestheater' ein und behielt auch die Opernfahrten nach Gotha und Erfurt bei. Die beispielhaften Leistungen der ‚Volksbühne' während der sechs Jahre ihres Bestehens veranschaulichen die nachstehenden statistischen Angaben. So wurden 1921/22 – 55; 1922/23 – 107; 1923/24 – 138; 1924/25 – 133; 1925/26 – 44; 1926/27 – 23 Theaterabende veranstaltet sowie neun Opernfahrten nach Gotha organisiert. Neben Sonderaufführungen fanden noch mehrere Bühnenfeste und Konzerte statt.“ /5/ Nicht unerwähnt bleiben dürfen die regelmäßigen Einführungsvorträge zu den Aufführungen, die Vortrags- und Leseabende, die Besuche von Museen und Ausstellungen und die Lichtbildervorträge für Kinder und Jugendliche. Folglich kann resümiert werden, dass der „Volksbühnenverein“ in den zwanziger Jahren in besonderem Maße das Kulturleben in Mühlhausen für „die kleinen Leute“ beachtlich bereicherte.

A n m e r k u n g e n:

1 *Lucks, Friedrich W. : Zwei Kapitel Mühlhäuser Theatergeschichte, in: Eichsfelder Heimatborn, 27.10. und 03.11.1956*
2 *Lucks, F. W.: a. a. O.*
3 *- - : Sammelbericht der Stadt Mühlhausen für die Jahre 1927 bis 1929*
4 *Rommel, Eberhard: Der Mühlhäuser „Volksbühnenverein“ (1922 – 1927), in: Mühlhäuser Wochenblatt, 23.05.1991*
5 *Rommel, Eberhard: a. a. O.*

Blick auf das Theaterleben während der NS-Zeit (Beispiel 1936)

1933 erfolgte eine „Neuordnung“ des deutschen Theaterwesens im Sinne der nationalsozialistischen Kulturpolitik. Diese beinhaltete die Gleichschaltung der „Deutschen Volksbühne“ und zahlreiche „Säuberungsmaßnahmen“ im Sinne der NSDAP. Die inhaltliche Ausrichtung der Spielpläne erfolgte durch eine Art Vorzensur, die Aufgabe der „Reichsdramaturgie“ war. Unter anderem griff man auf das „völkisch-konservative“ Schauspiel aus dem 19. Jahrhundert zurück. Eine andere Grundströmung des dramatischen Schaffens während der NS-Zeit entsprang der „Blut- und Boden-Ideologie“. Mit dem „Thing-Spiel“ – benannt nach dem Gerichtsplatz der Germanen – wollte die faschistische Kulturpolitik eine eigene Theaterform schaffen /1/. Andererseits waren 4 000 deutschsprachige Bühnenkünstler in mehr als vierzig Exilländer geflohen. Eine besondere Rolle spielten in Deutschland die Besucherorganisation der Deutschen Arbeitsfront „Kraft durch Freude“ und organisierten Theaterbesuche der faschistischen Jugendorganisationen. Auch massenhafte Theaterbesuche im militärischen Bereich fanden statt, wie „Fronttheater“ /2/.
1933 bis 1937 fanden in Mühlhausen nur Gastspiele des Landestheaters Gotha statt, die die NS-Gemeinschaft „Kraft durch Freude“ mit der NS-Kulturgemeinde veranstaltete /3/. Im September 1934 unterbreitete der Theaterfachmann E. F. Braun dem Mühlhäuser Stadtrat und Dezernenten Drude „Vorschläge für die Wiederaufnahme des ständigen Theaterbetriebes“ in Mühlhausen. Zu einem Schauspielerensemble sollten 36 Personen gehören, sodass „bei 30 Spieltagen pro Spieltag etwa 400 RM Kosten zu decken seien, bei einem Durchschnittseintrittspreis von 1 RM je Vorstellung, also mit 400 Personen gerechnet werden müsse.“ Das hieße: monatlich müssten 12 000 Theaterbesucher veranschlagt werden. Das sei allerdings schlichtweg unmöglich. Andererseits müsste sich die Stadt mit 10 000 RM für Miete, Strom und Heizung beteiligen. Folglich erscheine es nicht möglich, wieder ein ständiges Theater in Mühlhausen ins Leben zu rufen. Im Winterhalbjahr 1934/35 konnten die Mühlhäuser Theaterfreunde mit Gastspielen auswärtiger Bühnen bedient werden /4/.
Von 1933 bis 1945 fanden in Mühlhausen zahlreiche „leichte“ Unterhaltungsveranstaltungen in den Sälen am Schwanenteich oder

Schützenberg statt. Variete-Vorführungen aller Art hatten in jener Zeit Hochkonjunktur. Meist traten Zauberkünstler oder Hypnotiseure auf, oder es wurden musikalische Revuen oder Operettenkonzerte gegeben. Hin und wieder nutzte man Räume des Schauspielhauses, wie 1936 für die musikalische Revue „Antonio Bazzanella“ (mit zehn Herren und 40 Instrumenten). Mittwochs und donnerstags fanden sich die betuchten Mühlhäuser im Restaurant des Schauspielhauses zum „Kaffeekränzchen“ mit Konzert ein. In „Sternaus Künstlerspiele“ am Blobach lud man 1936 zu einer Großen Revue „Unter Spaniens Himmel“ (Ballett) ein. Die NSG „Kraft durch Freude“ zeichnete im Januar 1936 verantwortlich für einen Operettenabend „Die drei alten Schachteln“ von Walter Kollo. Die Thüringer Operettenbühne trat hiermit im Schwanenteichsaal auf (Eintritt: 0,60 bzw. 0,90 RM). In jenen dreißiger Jahren verwies der „Mühlhäuser Anzeiger“ monatlich auf die Theaterspielpläne an den Theatern in Nordhausen, Erfurt, Weimar, Gotha und Sondershausen, wie die Schillerbund - Festspiele vom 15. Juni bis 3. Juli 1936 in Weimar.

In jener Zeit wurde in Mühlhausen die „NS-Kulturgemeinde“ gegründet. In dem Beitrag „Theater als vordringliche Aufgabe“ (MA, 18.02.1936) wurden die Aufgaben und Ziele dieser Organisation genannt. Es hieß, sie sei keine spezielle Theaterorganisation, trete jedoch für das Theater ein, fördere Theaterbesuche, dulde nicht, dass jüdische Stücke aufgeführt werden, bekämpfe in der bildenden Kunst den Kitsch, vermittele kostenlosen Besuch guter Kunstausstellungen und gründe einen Buch-Ring. „Als vordringliche Aufgabe und festes Ziel wurde die Schaffung des Mühlhäuser Theaters bezeichnet,“ hieß es am Ende des Textes

Henny Porten in dem Film „Carola Lamberti“ (1954)
(Sammlung: Dieter Fechner)

über die Tagung des Ortsverbandes.

In den dreißiger Jahren erfolgten auch einige Gastspiele mit bekannten und bedeutenden Schauspielern. Henny Porten (1890 – 1960) spielte 1906 in ihrem ersten Film und entwickelte sich rasch zu einem gefeierten Star des frühen deutschen Films. Sie zählte seit dem Stummfilm zu den beliebten deutschen Filmschauspielerinnen. 1921 gründete sie die H.-Porten-Film GmbH. Sie schrieb die Bücher „Wie ich wurde“ (1919) und „Vom ‚Kintopp’ zum Tonfilm“ (1932). In einer Doppelrolle trat Henny Porten mit Emil Jannings in dem Lustspiel „Kohlliesels Töchter“ (1920) auf. 1954 verkörperte sie die Hauptrolle in dem Film „Carola Lamberti – eine vom Zirkus“.

Am 24. Februar 1936 gastierte die Porten in Mühlhausen im Saal am Schützenberg. Sie trat in dem Schauspiel in drei Akten „Maria Garland“ von Zdenko von Kraft auf. Es hieß in der Ankündigung, „die kleine psychologische Studie handelt vor dem Hintergrund der Franzosenherrschaft in Preußen 1806“. Die Eintrittspreise bewegten sich zwischen 0,80 bis 2,50 RM. In der Theaterkritik hieß es im „Mühlhäuser Anzeiger“ (25.03.1936) unter anderem: „Henny Porten gab dieser Frauengestalt Leben und Wärme und Innerlichkeit. … Das stumme Spiel Henny Portens, das wir alle in Stummfilmen vergangener Jahre bewunderten, ist auch jetzt noch … das Kennzeichen ihres Künstlertums.“

NS.-Kulturgemeinde
Ortsverband Mühlhausen (Thür.)

Montag, den 24. Februar 1936, 20,15 Uhr, im „Schützenbergsaal“

Gastspiel

Henny Porten

in

„Maria Garland“

Schauspiel in 3 Akten von Zdenko von Kraft

Mitwirkende: Gertrude de Lalsky, Walter Bäuerle, Josef Dischner, Rudolf Essek, Lutz Götz, Ernst Pittschau

Direktion: Carl Heinz Klubertanz, Berlin

Eintrittspreise: 1. Platz RM. 2.50; 2. Platz RM. 1.75; 3. Platz RM. 1.25; 4. Platz RM. 0.80

Vorverkauf bei: Gensel, Kornmarkt; Gundrum, Untermarkt; Hebenstreit, Stätte.

Nur bei Körting, Hindenburgstraße, erhalten die Mitglieder der NSKG. auf obengenannte Preise 10% Ermäßigung

Annonce für das Gastspiele der Porten in: „Mühlhäuser Anzeiger“, 22.02.1936

Festsaal im „Schützenberg“ in früher Zeit (Foto: Sammlung Bernd Mahr)

Anfang März 1936 gab die „Schlieseer Bauernbühne“ ein Gastspiel. Im Saal am Schwanenteich wurde das Lustspiel „Es leuchten die Berge“ von L. Neggendorfer mit dem 75-jährigen Xaver Terefol gegeben. Der Kölner Professor Dr. K. Niessen hielt im gleichen Monat vor Mitgliedern des Bildungsvereins den Vortrag „Kampf und Größe des deutschen Theaters“. Der Redner forderte, das Theater der Gegenwart müsse sich „vom Theater des Intellekts zum Theater des deutschen Gemüts“ entwickeln. Es müsse „kein Theater des Sezierens und Experimentierens, sondern ein Theater des schöpferischen Zusammenfassens sein“ (Mühlhäuser Anzeiger, 11.03.1936). Ebenfalls im März bot man als „1 000. Veranstaltung im Gau Thüringen“ im Schwanenteichsaal „Die Fledermaus“ von Johann Strauß an. Wenige Tage später folgte am Schützenberg das Lustspiel „Die Hammelkomödie“ von Hans Wolfgang Hillers, eine Inszenierung der Deutschen Landesbühne Berlin. Für das Winterhalbjahr 1936/37 kündigte die NS-Gemeinschaft „Kraft durch Freude“ in Zusammenarbeit mit der NS-Kulturgemeinde folgende Gastspiele der Deutschen Landesbühne im Schwanenteichsaal an:

Okt.: „Das kleine Fräulein“, Operette von S. Schulz
Nov.: „Götz von Berlichingen“, Schauspiel von J. W. Goethe
Dez.: „Der Ministerpräsident“, Zeitbild von Wolfgang Goetz
Jan.: „Die beiden Schützen“, Oper von Albert Lortzing
Febr.: „Der Zigeunerbaron“, Operette von Johann Strauß
März: „Figaros Hochzeit“, Oper von Wolfgang Amadeus Mozart
Apr.: „Die Weiber von Redditz“, Operette von Fr. Forster

Vor jeder Aufführung erschien im „Mühlhäuser Anzeiger“ ein ausführlicher Beitrag über das zu erwartende Stück. Außerdem erfolgten ab Herbst 1936 sechs „Opernfahrten“ nach Erfurt – monatlich eine. Das Erfurter Stadttheater gewährte Vorzugspreise. Fast 150 Mühlhäuser erlebten im Oktober Wagners „Meistersinger von Nürnberg“. Zur Vorfeier zum 150. Geburtstag des Komponisten Carl Maria von Weber (1786 – 1826) erfolgte eine „Opernfahrt“ nach Erfurt, wo dessen „Freischütz“ aufgeführt wurde. Außerdem erlebten die Mühlhäuser: „Der fliegende Holländer“ von R. Wagner, „La Boheme“ von G. Puccini und „Zar und Zimmermann“ von A. Lortzing. Für die Busfahrt nach Erfurt und zurück waren 2,50 RM zu zahlen und für den Eintritt 1,30 RM (1. Rang) /5/.

Die Kabarettistin Claire Waldoff, Karikatur von Harald Kretzschmar

Im November 1936 traten zu einem Gastspiel im Schwanenteichsaal die beliebte Berliner Kabarettistin Claire Waldoff (1884 – 1957), Udo Vietz und andere auf (Eintritt: 0,60 bis 2,— Mark). Die Waldoff – die eigentlich Clara Wortmann hieß - war 1910 bis 1933 Diseuse an verschiedenen Berliner Kabaretts und galt als die volkstümlichste Berliner Sängerin. „Im Linden-Kabarett Friedrichstraße traf sie mit ihren roten Haaren – sogar noch auf den Zähnen – genau das Bild

der ‚dollen Bolle'. Ungewöhnlich gewöhnlich in ihrer Ausdruckskraft, wurde sie die echte Volkssängerin mit enormer Breitenwirkung." /6/ In der folgenden Mühlhäuser Theaterkritik hob man hervor, beide Künstler seien gut bekannt aus dem Rundfunk: die Waldoff vor allem mit ihrem Chanson „Herrmann heeßt' er" und Vietz als „Morgenplauderer". Im Dezember 1936 folgte im Schwanenteichsaal ein heiterer Johann-Strauß-Abend mit Peter Igelhoff (1904 – 1978) und anderen. Jener österreichische Komponist wies sich nach seinem Musikstudium in Wien und London ab Mitte der dreißiger Jahre als erfolgreicher Pianist und Chansonnier aus. Er schrieb mehr als 1 000 Chansons, Lieder und Schlager, darunter waren Evergreens, wie „Der Onkel Doktor hat gesagt" und „Mein Herz hat heut Premiere". Igelhoff komponierte die Musik zu rund 50 Filmen wie „Wir machen Musik" /7/.
1934 führte das Lichtspieltheater An der Burg 5 den Namen „Schauburg". Für das Gebäude war die „Thuringia-Brauerei" (Wilhelm Schmidt) zuständig. Diese bat in einem Brief die Baupolizei „auf Wunsch eines großen Teils der Bevölkerung" das Theater wieder zu Verfügung zu stellen. Die Baufirma Karl Louis Müller sollte den Theaterumbau vornehmen. Die Theaterdirektoren kamen und gingen. In mancher Saison fanden nur kurze Gastspiele statt. Auf Grund finanzieller Sorgen begann in Mühlhausen eine nahezu „theaterlose Zeit". 1936 fand der kulturelle Verfall seinen Höhepunkt, als sich der Kunstverein auflöste /8/. Ab Winter 1940 trat monatlich einmal die Thüringer Gaubühne in Mühlhausen auf /9/. Nicht einmal einhundert Jahre dauerte die Geschichte des Schauspielhauses in Mühlhausen. Noch 1947 wurden Einbauten im Schauspielhaus An der Burg vorgenommen.

Anmerkungen:

1 *Simhandl, Peter: Theatergeschichte in einem Band, Berlin 1996, S. 254*

2 *Brauneck, Manfred: Die Welt als Bühne, Geschichte des europäischen Theaters, Band 4, Stuttgart/Weimar 2003, S. 501*

3 *- - : Verwaltungsbericht der Stadt Mühlhausen 1933 bis 1937, S. 12*

4 *- - : Wieder regelmäßige Theatervorstellungen!, in: Mühlh. Anz., 05.09.1934*

5 *- -: Angaben aus dem „Mühlhäuser Anzeiger" 1936 (4 Bände)*

6 *Kretzschmar, Harald: von Angesicht zu Angesicht, Berlin 1988, S. 132*

7 *- - : Deutsche Biographische Enzyklopädie, Band 5, München 1997, Seite 244*

8 *Rommel, Eberhard: Der Mühlhäuser „Volksbühnenverein" (1922 – 1927), in: Mühlhäuser Wochenblatt, 23.05.1991*

9 *Riehm, Willy: Hundert Jahre Schauspielhaus Mühlhausen, in: MA, 7./8.12.1940*

Das Theaterjahr 1949/50

1947 erfolgte die Neugründung der Volksbühnenverbände in der Ostzone, 1948 in den Westzonen und 1954 der Wiederaufbau eines eigenen Theaters in Ostberlin am Rosa-Luxemburg-Platz („Volksbühne“).
Der gebürtige Mühlhäuser Heinz Dieter Tschörtner (geb. 1932), der in Berlin lebt, besuchte in jenen Nachkriegsjahren die damalige Oberschule An der Burg. Er wies sich später als Herausgeber, Publizist und Hauptmann-Forscher aus. Er las mehrfach aus seinen Büchern in den neunziger Jahren im Mühlhäuser Kulturbund und publizierte über ein halbes Dutzend Beiträge in den „Mühlhäuser Beiträgen“ (Hefte 1, 3, 4, 5, 8, und 24).
Tschörtner legte als Oberschüler in der 12. Klasse seinem Lehrer Georg Möller eine Jahresarbeit zum Thema „Das Mühlhäuser Theaterjahr 1949/50“ vor. Diese ließ er dem Verfasser zukommen. Sie reflektiert faktenreich das Theaterleben in jener Spielzeit. Mühlhausen bespielten in jenen Nachkriegsjahren: das Landestheater Gotha, das Eichsfelder Schauspiel (Theater der Deutschen Volksbühne Heiligenstadt), die Erfurter Bühnen, die Chiemseer Bauernbühne und die Laienspielgruppe der Oberschule.

Heinz Dieter Tschörtner 1998 (Foto: privat)

Das damalige Landestheater Gotha gab in jener Spielzeit in Mühlhausen achtzehn Gastspiele, davon vier Schauspiele, drei Opern, sieben Operetten und vier Lustspiele. Die Gothaer Bühne, die ihre Programmblätter unter dem Titel „Die Brücke“ herausgab, zeigte in Mühlhausen unter dem Intendanten Karl Weber die Schauspiele: „Iphigenie auf Tauris“ von Johann Wolfgang von Goethe, „Alle meine Söhne“ von Arthur Miller, „Die Ratten“ von Gerhart Hauptmann und „Der Prozeß Mary Dugan“ von B. Veiller. In der regionalen Presse würdigte man die „gediegene Aufführung“ der „Iphigenie“ als erfolgreichen Auftakt der Deutschen Volksbühne, Ortsgruppe Mühlhausen. „Das Landestheater Gotha überraschte mit einer erfreulichen Leistung, wie wir sie nach den Erfahrungen der letzten Jahre kaum erwartet hatten.“
Das „Eichsfelder Schauspiel“ bot unter dem Intendanten Max Pohle: „Ein kleiner Engel ohne Bedeutung“ von Claude-Andre Puget, „Nathan der Weise“ von Gotthold Ephraim Lessing und den englischen Reißer

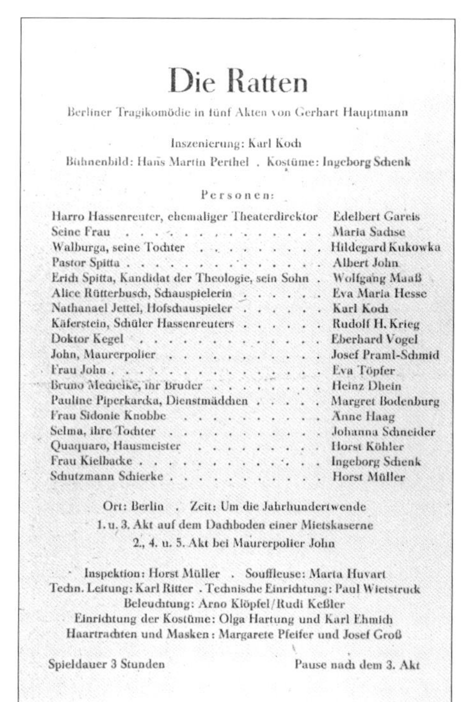

Die Ratten

Berliner Tragikomödie in fünf Akten von Gerhart Hauptmann

Inszenierung: Karl Koch
Bühnenbild: Hans Martin Perthel . Kostüme: Ingeborg Schenk

Personen:

Harro Hassenreuter, ehemaliger Theaterdirektor	Edelbert Gareis
Seine Frau	Maria Sachse
Walburga, seine Tochter	Hildegard Kukowka
Pastor Spitta	Albert John
Erich Spitta, Kandidat der Theologie, sein Sohn	Wolfgang Maaß
Alice Rütterbusch, Schauspielerin	Eva Maria Hesse
Nathanael Jettel, Hofschauspieler	Karl Koch
Käferstein, Schüler Hassenreuters	Rudolf H. Krieg
Doktor Kegel	Eberhard Vogel
John, Maurerpolier	Josef Praml-Schmid
Frau John	Eva Töpfer
Bruno Mechelke, ihr Bruder	Heinz Dhein
Pauline Piperkarcka, Dienstmädchen	Margret Bodenburg
Frau Sidonie Knobbe	Änne Haag
Selma, ihre Tochter	Johanna Schneider
Quaquaro, Hausmeister	Horst Köhler
Frau Kielbacke	Ingeborg Schenk
Schutzmann Schierke	Horst Müller

Ort: Berlin . Zeit: Um die Jahrhundertwende
1. u. 3. Akt auf dem Dachboden einer Mietskaserne
2., 4. u. 5. Akt bei Maurerpolier John

Inspektion: Horst Müller . Souffleuse: Marta Huvart
Techn. Leitung: Karl Ritter . Technische Einrichtung: Paul Wietstruck
Beleuchtung: Arno Klöpfel/Rudi Keßler
Einrichtung der Kostüme: Olga Hartung und Karl Ehmich
Haartrachten und Masken: Margarete Pfeifer und Josef Groß

Spieldauer 3 Stunden — Pause nach dem 3. Akt

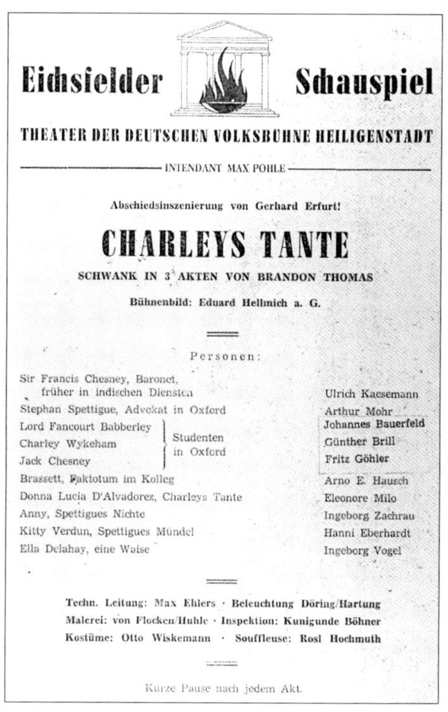

Eichsfelder Schauspiel

THEATER DER DEUTSCHEN VOLKSBÜHNE HEILIGENSTADT

INTENDANT MAX POHLE

Abschiedsinszenierung von Gerhard Erfurt!

CHARLEYS TANTE

SCHWANK IN 3 AKTEN VON BRANDON THOMAS

Bühnenbild: Eduard Hellmich a. G.

Personen:

Sir Francis Chesney, Baronet, früher in indischen Diensten	Ulrich Kaesemann
Stephan Spettigue, Advokat in Oxford	Arthur Mohr
Lord Fancourt Babberley (Studenten in Oxford)	Johannes Bauerfeld
Charley Wykeham (Studenten in Oxford)	Günther Brill
Jack Chesney (Studenten in Oxford)	Fritz Göhler
Brassett, Faktotum im Kolleg	Arno E. Hausch
Donna Lucia D'Alvadorez, Charleys Tante	Eleonore Milo
Anny, Spettigues Nichte	Ingeborg Zachrau
Kitty Verdun, Spettigues Mündel	Hanni Eberhardt
Ella Delahay, eine Waise	Ingeborg Vogel

Techn. Leitung: Max Ehlers · Beleuchtung Döring/Hartung
Malerei: von Flocken/Huhle · Inspektion: Kunigunde Böhner
Kostüme: Otto Wiskemann · Souffleuse: Rosl Hochmuth

Kurze Pause nach jedem Akt.

Programmzettel zu „Charleys Tante“ und „Die Ratten“ (Sammlung: H. D. Tschörtner)

„Charlys Tante" von Brandon Thomas. In der Presse bemerkte man: „Die Aufführung des ‚Nathan' vermied äußere Effekte und ließ die Figuren durch sich selbst wirken (Regie: Herbert Adolf Winkler) . . . Die Aufführung bewies, dass die Kunst nicht immer aus Gotha zu kommen braucht."
Die Erfurter Bühnen gastierten in Mühlhausen mit dem sowjetischen Lustspiel „Pension Butterpilz" von Valentin Katajew (1897 – 1986). Tschörtner schrieb: „Es ist eine Konflikt- und Verwechslungskomödie, die ziemlich viel geistige Aktivität voraussetzt. Die Spieler waren ihren Rollen gewachsen und zeigten eine gute geschlossene Leistung." Die Chiemseer Bühne brachte „Der eifersüchtige Hof" von Anton Maly / Toni Gerlin. Damit gelangten „in der Zeit vom 11. September 1949 bis 26. Juli 1950 in Mühlhausen elf Schauspiele zur Aufführung." Tschörtner bezieht dabei auch die zwei Volkskunstabende der Oberschüler mit ein, auf die später eingegangen wird.
Opern und Operetten bot das Landestheater Gotha den Mühlhäusern an. Darunter waren die Opern: „Der Barbier von Sevilla" von G. Rossini, „Der Schneider von Schönau" von Jan Brandts - Buys und „Die verkaufte Braut" Bedrich Smetana. Mit der letzteren fand die Spielzeit ihren Abschluss. Unter den fünf Operetten waren: „Der Graf von Luxemburg" von Franz Lehar, „Nächte in Schanghai" von Friedrich Schröder, „Die Fledermaus" von Johann Strauß, „Im weißen Rössel" von Ralph Benatzky und „Maske in Blau" von Fred Raymond. Der Mühlhäuser Theaterkritiker bemerkte kritisch über die Probleme der Operette zu „Maske in Blau" am 19. Juni 1950: „Da angeblich das Publikum keine besseren Stücke will, gibt man ihm aus geschäftlichen Gründen – noch mehr Operetten." Über den Wert oder Unwert der leichtgeschürzten Operette „Im weißen Rössel" äußerte der Theaterkritiker W. Fr., der typisch kleinbürgerliche Schwank sei „reichlich mit Tanzeinlagen durchsetzt worden".
Nach Tschörtners damaligen Recherchen „veranstaltete die Volksbühne im ersten Jahr ihrer Tätigkeit (in der Nachkriegszeit – D. F.) insgesamt 18 Vorstellungen, davon waren es 10 Schauspiele, 5 Operetten und 3 Opern. Dabei sind alle Vorstellungen nur einmal gezählt". Der damalige Oberschüler resümiert 1950: „Das Theaterleben in Mühlhausen krankt am fehlenden Theater, uns fehlt ein eigenes Schauspielhaus und das eigene Ensemble." Tschörtner verweist darauf: „Die Stadt Nordhausen, die nicht größer als unsere Stadt ist, und außerdem die zerschlagendste

Stadt Thüringens erreicht in der Regel zwanzig Aufführungen eines Stückes, und zwar nicht nur bei Operetten."

Anmerkungen:

- *Tschörtner, Heinz Dieter: Das Mühlhäuser Theaterjahr 1949/50 (Manuskript) darin folgende Zeitungsausschnitte:*
- *Erfolgreicher Auftakt der Volksbühne („Iphigenie"), in: Thür. Volk, 29.09.1949*
- *Fr.: „Alle meine Söhne", in Thüringer Volk, 09.11.1949*
- *W. Fr. : „Die Ratten", in : Das Volk, 24.04.1950*
- *Gr.: Heute wie vor 200 Jahren aktuell („Nathan"), in: Das Volk, 10.05.1950*
- *W. Fr. : „Charlys Tante", in: Das Volk, 28.06.1950*
- *W. Fr. : Typisch Kleinbürgerlich mit verbrauchter Komik („Im weißen Rössel"), in: Das Volk, 23.05.1950*
- *W. Fr. Probleme mit der Operette („Maske in Blau"), in: Das Volk, 19.06.1950*
- *W. Fr. : „Die verkaufte Braut", in: Das Volk, 25.07.1950*

Laienspielgruppe an der damaligen Oberschule 1949/50 (H. D. Tschörtner)

Oberstudienrat Georg Möller (1907 – 1997) war von 1950 bis 1957 als Direktor der damaligen Oberschule An der Burg tätig. Der hochgeschätzte Pädagoge und spätere Fachbuchautor wurde 1997 zum Ehrenbürger der Stadt Mühlhausen ernannt. Möller studierte mit den Oberschülern humor- und geistvolle Stücke ein, die er meist selbst verfasste. Der einstige Oberschüler Heinz Dieter Tschörtner (Jg. 1932) legte in der 12. Klasse Möller seine Jahresarbeit „Das Mühlhäuser Theaterjahr 1949/50" vor. Der Publizist, Herausgeber und Hauptmann-Forscher Tschörtner stellte diese freundlicherweise dem Verfasser zur Verfügung, sodass daraus die folgenden Fakten entnommen werden konnten.

An der Oberschule, die ab 1975 den Namen Erweiterte Oberschule „Erich Weinert" führte, bestand im Juli 1950 eine Laienspielgruppe bereits drei Jahre. Sie brachte vornehmlich die „besten deutschen Stücke auf die Bühne. Ihr Bestreben ging dahin, ihr jugendliches Können ganz in den Dienst der Zeit zu stellen, den großen Forderungen unserer neuen Gesellschaft zu genügen. Die Hauptforderung aber, die über allem steht, was wir tun und treiben, ist der Ruf nach Einheit und

Einstige Oberschule An der Burg
(Sammlung Mario Weingardt)

Frieden." „Motor" der Laienspielgruppe war Martin Trautmann, der später Schauspieler und Regisseur wurde, wie auch Fritz Maire. Nachdem Trautmann das Abitur abgelegt hatte, übernahm die Gruppe Heinz Dieter Tschörtner, der sie bis 1951 führte. Die Laienspielgruppe der Oberschule „trat im Spieljahr 1949/50 sechsmal an die Öffentlichkeit, davon fünfmal außerhalb Mühlhausens. Sie brachte drei abgeschlossene abendfüllende Stücke, wovon zwei als Volkskunstabende der Volksbühne liefen. Außerdem führte die Gruppe im Rahmen eines Goethe-Abends Szenen aus dem ersten Teil des ‚Faust' von Goethe zweimal auf, und zwar Studierstube, Bibelübersetzung, Teufelspakt, Schülerszene und Auerbachs Keller" /1/.
Mit dem III. Akt aus dem Schauspiel über die Märzrevolution 1848 „Empörung der Herzen" von Dietrich Georg Henneberg traten die Schüler fünfmal auf, darunter in Treffurt, Horsmar und Heyerode. Sie spielten Szenen aber auch aus russischen Dramen, wie eine Szenenfolge aus „Die russische Frage" von Konstantin Simonow (1915 – 1979), „Der Löwe auf dem Marktplatz" von Ilja Ehrenburg (1891 - 1967) und „Oberst Kusmin" von den Brüdern Tur und L. Scheinin (letzteres war bekannt durch die Verfilmung „Begegnung an der Elbe").

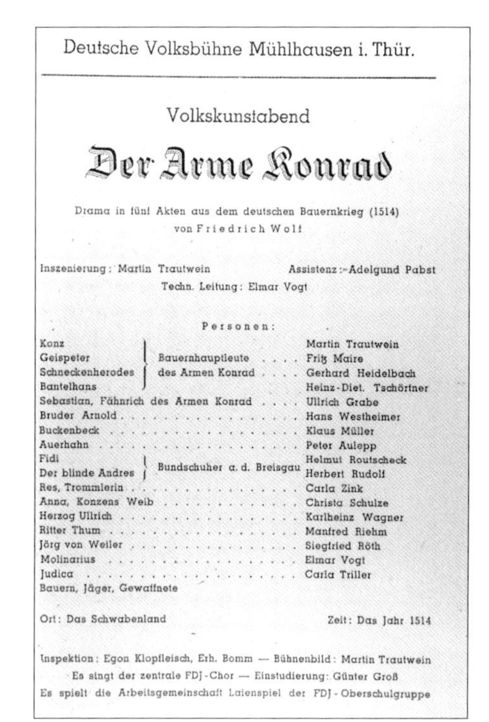
Deutsche Volksbühne Mühlhausen i. Thür.

Volkskunstabend

Der Arme Konrad

Drama in fünf Akten aus dem deutschen Bauernkrieg (1514)
von Friedrich Wolf

Inszenierung: Martin Trautwein   Assistenz:-Adelgund Pabst
Techn. Leitung: Elmar Vogt

Personen:

Konz	Bauernhauptleute des Armen Konrad	Martin Trautwein
Geispeter		Fritz Maire
Schneckenherodes		Gerhard Heidelbach
Bantelhans		Heinz-Diet. Tschörtner
Sebastian, Fähnrich des Armen Konrad		Ullrich Grabe
Bruder Arnold		Hans Westheimer
Buckenbeck		Klaus Müller
Auerhahn		Peter Aulepp
Fidi	Bundschuher a. d. Breisgau	Helmut Routscheck
Der blinde Andres		Herbert Rudolf
Res, Trommlerin		Carla Zink
Anna, Konzens Weib		Christa Schulze
Herzog Ullrich		Karlheinz Wagner
Ritter Thum		Manfred Riehm
Jörg von Weiler		Siegfried Röth
Molinarius		Elmar Vogt
Judica		Carla Triller
Bauern, Jäger, Gewaffnete		

Ort: Das Schwabenland   Zeit: Das Jahr 1514

Inspektion: Egon Klopfleisch, Erh. Bomm — Bühnenbild: Martin Trautwein
Es singt der zentrale FDJ-Chor — Einstudierung: Günter Groß
Es spielt die Arbeitsgemeinschaft Laienspiel der FDJ-Oberschulgruppe

Freie Deutsche Jugend, Oberschulgruppe
Arbeitsgemeinschaft Laienspiel

Empörung der Herzen

Schauspiel in 3 Akten
von Diedrich Georg Henneberg

Inszenierung: Martin Trautwein
Techn. Leitung: Elmar Vogt
Inspektion: Klaus Müller, Egon Klopfleisch

Personen:

Ernst Zinna, ein junger Berliner Arbeiter	Fritz Maire
Vater Zinna	Martin Trautwein
Mutter Zinna	Susanne Lohr
Hans Zinna, der jüngste Sohn	Lothar Fuhrmann
Professor Albert von Gantzen (Dozent an der Universität Berlin und preußischer Landtagsabgeordneter)	Karlheinz Wagner
Klara, seine Frau	Adelgunde Papst
Friedrich, sein Sohn, Student	Manfred Riehm
Hanna, seine Tochter	Christa Schulze
Theodor Fontane	Siegfried Röth
Georg Herwegh	Heinz-Diet. Tschörtner
Heinrich Bongers, Arbeiter	Helmut Routscheck
Gottlieb Gräber	Egon Klopfleisch

Ort der Handlung: Berlin – Zeit der Handlung: 1848

17. 250. 9 1. 50. 1120. Paul Mock, Mühlhausen   9211

Programmzettel zu „Empörung der Herzen“ und „Der arme Konrad“ (Sammlung H. D. Tschörtner)

Auf dem Programm der Oberschüler standen ferner 1950 „Der arme Konrad“ von Friedrich Wolf (1888 – 1953) und das Schauspiel „Die Guten Feinde“ von Günther Weisenborn (1902 – 1969). Letzteres schrieb Weisenborn 1937 und es wurde zehn Jahre später erstmals gedruckt. Der Dramatiker gestaltete eindringlich Robert Kochs Kampf um die Errettung der Menschheit von der furchtbaren Geißel der Tuberkulose. Das Stück bildete „einen aufrüttelnden Aufruf an die Menschheit, ihre Kräfte nicht im sinnlos zerstörenden Krieg zu entfesseln“, heißt es auf der Rückseite des Programmblattes für den Volkskunstabend der Oberschüler. Leiter der Laienspielgruppe an der Oberschule war zunächst Martin Trautwein, der meist Regie führte und oft auch eine Hauptrolle übernahm. Tschörtner war in Weisenborns Stück Regieassistent und spielte die Rolle des Dr. Schubert. Unter den Darstellern ist Helmut Routschek zu finden. Er wurde unter dem Pseudonym Alexander Kröger ein erfolgreicher Science-Fiction-Autor. Die Aufführungen der Schüler

fanden meist im Geschwister-Scholl-Jugendheim Hinterm neuen Brunnen oder im „Volksgarten“ am Schützenberg statt. Sie wurden regelmäßig in der Regionalpresse „Thüringer Volk“ und ab 6. April 1950 „Das Volk“ vorgestellt. Unter anderem hieß es: „Die Aufführung des Bauernkriegsdramas von Friedrich Wolf war unbestritten einer der besten Laienspielabende. Den hohen Anforderungen der Dichtung, an die man sich mit ziemlicher Kühnheit heranwagte, begegnete man mit beherzter Spielfreudigkeit, mit erstaunlichem Aufgebot an Mitwirkenden und reichem Aufwand an guten Bühnenbildern, Kostümen und Requisiten. . . . Neben der schönen kollektiven Leistung aller Beteiligten gebührt das Hauptverdienst Martin Trautwein, dem Leiter und Hauptdarsteller der Gruppe, dessen Leistungen schon schauspielerischen Charakter haben“, apostrophierte ein W. Fr. Die Oberschüler Tschörtner und Trautwein hatten getrennt von einander Teile des „Armen Konrad“ inszeniert, ersterer die Massenszenen und letzterer mit den Hauptdarstellern geprobt. „Als wir das zusammenfügen wollten, stellte sich doch tatsächlich heraus, dass wir unterschiedliche ‚Handschriften' hatten.“
Tschörtner erinnerte sich 2005, er sei später Martin Trautwein in Leipzig begegnet, als dieser die Schauspielschule besuchte und er selbst an der Bibliothekarschule studierte. Er versuchte Tschörtner zu bewegen, an die Schauspielschule überzuwechseln. Später war Trautwein Regisseur in Eisenach und letztlich Intendant in Hildesheim. Tschörtner erinnerte sich, dass von den einst in der Laienspielgruppe Mitwirkenden noch zu nennen seien: Christel Schulz, die als Studienrätin in Münster lebe, und Egon Klopffleisch in Erfurt (beide 1950 in dem Schauspiel „Empörung der Herzen“ von Diedrich Georg Henneberg).
Anzumerken ist, dass 1949/50 neben der Laienspielgruppe der Oberschule noch weitere in Mühlhausen vorhanden waren, wie: die Kulturgruppen der Konsum-Genossenschaft und der Berufsschule und eine Laienspielgruppe des Möwe-Werks. Tschörtner resümiert in seiner einstigen Jahresarbeit: „Die Mühlhäuser Laienspielgruppen haben insgesamt 13mal Laienspiele (bzw. Schauspiele) und Szenen aufgeführt, wenn alle Aufführungen nur einmal gezählt werden.”

Anmerkungen:

1 Tschörtner, Heinz Dieter: Das Theaterjahr 1949/50, Jahresarbeit (Manuskript)
weitere Beiträge:
Fr. : „Faust“ als Laienspiel, in: Thüringer Volk, 17.09.1949
Fr. : Szenen aus russischen Dramen, in: Thüringer Volk, 30.09.1949
- - : „Empörung des Herzens“, in : Thüringer Volk, 09.01.1950
W. Fr.: „Der arme Konrad“, in: Thüringer Volk, 21.03.1950
Nlg.: Gute Leistungen einer Laienspielgruppe, in: Das Volk, 18.07.1950
Tschörtner, H. D.: Brief vom 22.06.2005 an den Verfasser

Modell für ein neues Theatergebäude (1949)

Nach Ende des zweiten Weltkrieges erwog man in Mühlhausen, den Ausbau des Schauspielhauses wieder aufzugreifen bzw. ein neues zu errichten. Man begann im Innern des Gebäudes einiges einzureißen und neu zu gestalten. Ein mächtiger Bauzaun umgab das Anwesen, auf dem große Mengen an Baumaterialien angefahren worden waren, wie sich F. W. Lucks erinnerte. Plötzlich stellte man die Bauarbeiten ein, da man erwog, ein neues Theatergebäude zu bauen. Der in Weimar lebende Wilhelm Karl Hasso Storck (geb. 1911) war der Sohn des Mühlhäuser Malers Emil Storck (1882 – 1970). 1949 erhielt der Modellbauer Hasso Storck, der an der damaligen Hochschule für Bauwesen und Bildende Kunst in Weimar tätig war, einen besonders ehrenvollen und reizvollen Auftrag. Nach den Bauzeichnungen des gebürtigen Mühlhäuser Architekten Bernhard Danz (1909 – 1989) sollte er für Mühlhausen das Modell für ein neues Theatergebäude schaffen. Danz war in der Nachkriegszeit zwei Jahre als selbständiger Architekt in Mühlhausen tätig und danach kurzzeitig im hiesigen Stadtbauamt und Hochbauamt. Ab 1956 wirkte er als Restaurator und Architekt bei den 1953 gegründeten Nationalen Forschungs- und Gedenkstätten der klassischen deutschen Literatur (NFG) in Weimar. Diesen stand zunächst bis zu seinem frühen Tode 1957 der Dichter Louis Fürnberg vor. Danz zeichnete in jenen fünfziger Jahren für die Restaurierung der Goethe-Häuser am Frauenplan und an der Ilm, des Schiller-Hauses und des Römischen Hauses in Weimar und der Gedenkstätte in Stützerbach verantwortlich. Bernhard Danz, der sich auch als Maler auswies, musste sich 1960 invalidisieren lassen. Seine Bauzeichnungen für ein neues Theatergebäude in Mühlhausen befürwortete damals der spätere Berliner Star-Architekt Professor

Hermann Henselmann (1905 - 1995). Dieser war 1945 bis 1950 erster Direktor der Staatlichen Hochschule für Bauwesen und Bildende Kunst in Weimar. Von ihm stammen die Ideenentwürfe für den Wohnkomplex Weberwiese, den Straussberger Platz, die Turmbauten Frankfurter Tor, das Zentrum Alexanderplatz mit Fernsehturm, das Haus des Lehrers mit Kongresshalle in Berlin, aber auch für den „Uni-Riesen“ in Leipzig und das Zeiss-Hochhaus in Jena.
Der aus Bochum stammende Architekt Wilhelm Blömeke (1913 – 1992) lebte seit 1937 in Mühlhausen, zuletzt in der Finkenecke 1. Er war von 1945 bis 1952 Leiter des damaligen Mühlhäuser Stadtbauamtes und ab 1964 Stadtbaudirektor. Blömeke hatte das aus Holz erstellte Theatermodell Hasso Storcks zu bewerten und schrieb in seinem Gutachten: „Von den Besuchern der Theater-Ausstellung und auch in Fachkreisen wurde dieses Modell als eine ganz besondere künstlerische Arbeit bezeichnet und versetzte den Zuschauer verschiedentlich in Erstaunen über die Feinheiten der Ausführung. Nicht nur die Ausführung, sondern auch die Farbabstimmung der einzelnen Materialien im Zusammenklingen mit dem natürlichen Bewuchs, wie Bäume und Sträucher, war äußerst glücklich gelöst und gab dem gesamten ein harmonisches Bild.“ Leider konnte das Theaterprojekt in Mühlhausen wegen fehlender finanzieller Mittel nicht realisiert werden.

Das maßstabgerechte Theater-Modell Hasso Storcks wurde in der Mühlhäuser Presse vorgestellt und soll später im Heimatmuseum am Lindenbühl deponiert worden sein. Im September 1949 fand im damaligen „Haus der Kultur“ (heute Museum am Lindenbühl) eine Kunstausstellung im Landesmaßstab statt. Eine Jury hatte die besten Kunstwerke von Künstlern aus zwölf Thüringer Städten ausgewählt, unter anderem von Walter Klemm, Otto Herbig, Alexander von Szpinger und Otto Knöpfer. Mühlhausen war mit 25 Werken vertreten. Die hiesigen Architekten unterbreiteten Vorschläge und Projekte, wie das „Weiße Haus“ wieder hergestellt werden könnte. „Ein ganzer Raum im Museum war angefüllt mit Entwürfen, Zeichnungen und Modellen für das künftige Stadttheater.“

A n m e r k u n g e n:

Storck, Hasso: dem Verfasser übergebene autobiographische Unterlagen
Danz, Martin und Orla: dem Verfasser mitgeteilte biographische Fakten über Bernhard Danz
Fr.: Mühlhäuser Kunstausstellung im Landesmaßstab, in: Thüringer Volk, 05.09.1949

Modell für das neue Schauspielhaus An der Burg (Sammlung Hasso Storck)

Abriss des Theatergebäudes An der Burg (1957)

Im Mühlhäuser Regionalteil „Das Volk“ (08.09.1956) berichtet der Bürgermeister Kurt Reichenbach: „Im Jahre 1954 wurde vom Rat des Kreises die Auflage erteilt, die Ruine abzureißen.“ Der Rat der Stadt kam dieser Aufforderung nicht nach, weil er hoffte, die „Einbauten aus dem Jahre 1947 für ein neues Kulturhaus verwenden zu können“ /1/. Es folgte „eine zweite und endgültige Auflage, die besagte, dass der Westgiebel bis zum 31.1.1956 niederzulegen sei“. Folglich beschlossen die Mühlhäuser Stadtverordneten am 27. August 1956, „dass, um ein größeres Unglück zu verhüten, schnellstens die Reste des ehemaligen Schauspielhauses niedergelegt werden“ /2/. Der Ausschuss für Bau- und Wohnungswesen hatte vorher das Gebäude eingehend besichtigt und dessen völlige Baufälligkeit festgestellt. Folglich sei der völlige Abbruch der Ruine erforderlich. Bürgermeister Reichenbach bekannte: „Das war gewiss kein leichter Entschluss, den die Gemeindevertreter und der Rat der Stadt fassten, aber er war auf Grund des baulichen Zustandes der Ruine der einzig richtige.“ /3/ Starker und anhaltender Regen hatte in den letzten Monaten die restlichen Bauteile derart stark aufgeweicht, dass ihre Standsicherheit gefährdet war. Das Dach war bereits zu einem großen Teil eingestürzt und der Verband zwischen den einzelnen Bauteilen erheblich zerstört. Letztlich fügte der Bürgermeister Reichenbach für die Mühlhäuser Theaterfreunde tröstend hinzu, Rat der Stadt, Kulturbund und Massenorganisationen werden sich dafür einsetzen, „dass bei dem Bau von Kulturhäusern auch Mühlhausen nicht vergessen wird.“

Nach 117 Jahren wurde ab Anfang 1957 der Muthreichsche Theaterbau An der Burg abgerissen, auf dessen Bühne 50 Jahre vorher (1907) “fast sämtliche Musikdramen Richard Wagners aufgeführt werden konnten” /4/. 30 Jahre vorher stellte der damalige Schauspieler Waldfried Burggraf die Frage: „Braucht Mühlhausen ein eigenes Theater?“ 1927 schrieb dieser – nach Recherchen von Lucks - über den Zustand des Schauspielhauses: „Das alte Theatergebäude war in allen Teilen eine Stätte der Unfestlichkeit, der Verdrossenheit und für jede durch die Darstellung errungene Stimmung wie abtötender Frost . . . , aber ganz abgesehen von der feuerpolizeilichen, überhaupt baulichen Unsicherheit für Publikum und Darsteller, konnte das Schauspielhaus heutigen Ansprüchen, sogar den bescheidensten, nicht mehr genügen.“ /5/

Oben: Schauspielhaus um 1945 (Sammlung Bernd Mahr)
Unten: Abriss des Schauspielhauses 1957 (Foto: Last)

Zur „Ehrenrettung“ des Gebäudes heißt es in Burggrafs Aufsatz ferner: „Über seine großen Mängel wird verschwiegen oder vergessen, dass in ihm doch durch Generationen hindurch ‚Komödie gespielt wurde’, und – seien wir ehrlich – zumindest so gespielt wurde, dass das hier fast historisch gewordene Abwandern zum Theaterbesuch nach Kassel, Gotha, Erfurt und Weimar . . . eine ungerechte und unberechtigte Flucht war, zugleich aber eine schwere Schädigung an den nachweisbaren eifrigsten Bemühungen, ein qualitativ wertvolles Theater in Mühlhausen heimisch zu machen.“ /6/
Burggraf gelangte zu der Überzeugung, dass „Mühlhausen, heute wie gestern, sehr wohl in der Lage ist, sich ein eigenes Theater zu halten, ehe es sich der Bevormundung eines ‚Gastspielbetriebes’ benachbarter großstädtischer Bühnen ausliefert.“ Zu dem damals geplanten Umbau der Kornmarktkirche meinte Burggraf: „Wenn Lörchers Raum am Kornmarkt einmal beendet ist, dessen bin ich gewiss, die sachlichen Gegner erkennen, dass hier nichts ‚Halbes’, kein 'Interimszustand', auch kein ‚D-Zug-Wagen’, sondern etwas, in allen seinen Teilen, Vollgültiges geschaffen wurde, ein Theatergebäude, das bis in ferne Zeiten hinein den Erfordernissen entsprechen wird, die hier zu stellen sind.“ /7/

Anmerkungen:

1 Reichenbach, Kurt: Was wird aus der Ruine Schauspielhaus? ,
in: Das Volk, 08.09.1956

2 - - : Das alte Schauspielhaus wird abgerissen, in: Thür. Neueste Nachr., 30.08.1956

3 Reichenbach, Kurt: a. a. O.

4 Lucks, F. W.: Gedanken zu einem Theater in Mühlhausen (W. Burggraf),
in: Thüringer Neueste Nachrichten, 19.07.1957

5 Lucks, F. W.: Werden und Vergehen eines Theaters, in: Mühlh. Warte, 03/1957, S. 44

6 Lucks, F. W.: Gedanken ..., a. a. O.

7 Lucks, F. W.: Gedanken ..., a. a. O.

Zum Theaterleben in Mühlhausen in den 50er und 60-er Jahren

1950 empfahl der Gastwirt des Schützenberges das Haus für kulturelle Veranstaltungen, Theaterveranstaltungen und Konzerte. Das Mühlhäuser Kreiskulturorchester lud zu Sinfoniekonzerten und Operettenabenden ein. Die Bühnen der Städte Erfurt, Eisenach und andere reisten zu Gastspielen an. Der große Saal bot ca. 700 Personen Platz /1/. 1953 wurden die Aufgaben der „Deutschen Volksbühne" als Theaterbesucherorganisation in der DDR dem FDGB (Freier Deutscher Gewerkschaftsbund) übertragen. Die Geschäftsstelle der „Volksbühne" befand sich vorher am Wilhelm-Pieck-Platz 29 (Untermarkt). In Mühlhausen traten in den fünfziger Jahren die Bühnen der Städte Nordhausen und Eisenach zu Gastspielen in den Sälen der Kulturstätte Schwanenteich oder des Schützenbergs (später „Volksgarten" genannt) auf. Die Verkaufsstelle für die Anrechtskarten befand sich lange Zeit in der Linsenstraße, unterhalb der Jüdenstraße. Zunächst bestanden fünf Theaterringe, das heißt: Die Ensembles gastierten mit einem Stück jeweils

Spielstätte am Schützenberg („Volksgarten")
(Sammlung Bernd Seyfarth)

fünfmal in Mühlhausen, da viele Mühlhäuser begeisterte Theaterbesucher waren.
Im ersten Halbjahr 1953 boten die damaligen Bühnen der Stadt Nordhausen den Besuchern in den fünf „Theaterringen" an verschiedenen Tagen im „Volksgarten" (Schützenberg) im:

Programmheft zu „Tai Yang erwacht" (Sammlung Dieter Fechner)

- Januar: die Operette „Eine Nacht in Venedig" von Johann Strauß
- Februar: das Schauspiel „Minna von Barnhelm" von G. E. Lessing
- März: die Oper „Die Entführung aus dem Serail" von W. A. Mozart
- April: das Schauspiel „Tai Yang erwacht" von Friedrich Wolf
- Mai: das Stück „Auf verlorenem Posten" von Paul Herbert Freyer

Die Preise für Eintrittskarten im Freiverkauf betrugen: 4,55; 3,55; 2,55 und 1, — DM. In der Schrift „Zur Spielzeit 1954/55" der Intendanz zitierte man eine Programmerklärung des Ministeriums für Kultur der DDR: „Ausdruck deutscher Nationalkultur kann nicht ein west- oder ostdeutsches, sondern nur ein deutsches Nationaltheater sein, wie es Lessing und Schiller, Ekhof und Ackermann erstrebten und große Dramatiker, Theaterleiter, Regisseure und Darsteller späterer Generationen verwirklichten. Dieses Nationaltheater hatte Weltruf. Unser Ziel ist seine Wiederherstellung." In Mühlhausen fanden „Spielplanbesprechungen" mit den Nordhäuser Künstlern statt. Dabei wurde gefordert, Werke des klassischen Erbes, des Gegenwartsschaffens, aber auch zeitgenössische Stücke westdeutscher und westlicher Autoren zu spielen. „Besucherräte" pflegten Kontakte zwischen Theaterbesuchern und dem Theater. Im Oktober 1954 spielten die Nordhäuser viermal Jean-Paul Sartres Drama „Die ehrbare Dirne" in Mühlhausen. An zwei Tagen brachten sie das Märchenspiel „Die Prinzessin und der Schweinehirt". Im November 1954 waren die Operetten „Der Musikfeind" von

Richard Genee und „Salon Pitzelberger“ von Jaques Offenbach vorgesehen /2/. Seit 1958 gastierte das Eisenacher Landestheater in Mühlhausen zunächst jeweils viermal vor den vier „Theaterringen“ mit etwa 2 400 Besuchern. Während der 1. Kulturtage der Gewerkschaften in Mühlhausen Anfang Mai 1961 erlebten interessierte Theaterfreunde eine Aufführung der Oper „Freischütz“ von C. M. von Weber. 1962 hatte sich die Besucherzahl auf zwei „Theaterringe“ reduziert, das heißt: Es waren 280 Anrechtsbesucher aus 19 Betrieben der Stadt und

„Kulturstätte Schwanenteich“ mit Terrasse (um 1970)
(Sammlung Stadtarchiv Mühlhausen/Thür.)

120 im Einzelanrecht. Die Gründe für den Rückgang der Besucherzahlen sah man unter anderem in der raschen Verbreitung des Fernsehens und den schlechten Saalverhältnissen im Kulturzentrum „Schwanenteich“.

Auch Mitte der fünfziger Jahre fanden Bus- und Bahnfahrten zu Theaterbesuchen nach Erfurt und Weimar statt. An den Erfurter Bühnen erlebten die Mühlhäuser Theaterfreunde Schillers „Wallenstein“ in einer Inszenierung von Eugen Schaub unter anderem mit Walter

Amtrup, Helmut Müller-Lankow, Lothar Förster und Otto Melies. Am Deutschen Nationaltheater Weimar sah man Schillers „Wilhelm Tell" in einer Inszenierung von Karl Kayser unter anderem mit Christa Lehmann, Fred Kötteritzsch und Max Trunz.
1960 fanden in Mühlhausen die „Theatertage der Jugend" statt und Anfang Mai 1961 die ersten Kulturtage der Gewerkschaften. Ein Höhepunkt bildete Webers Oper „Freischütz" auf der Freilichtbühne. 1964 beschloss die Stadtverordnetenversammlung, die „Kulturstätte Schwanenteich" umzubauen. Die Rekonstruktion erfolgte vom November 1964 bis Februar 1965. Die Spielfläche der Bühne wurde auf 131 Quadratmeter erweitert und der Orchesterraum überdacht, wodurch die Spielfläche um 3,5 Meter vertieft werden konnte. Der Saal bot 665 Personen Platz, von denen 146 auf die Emporen entfielen. Nach zweieinhalb Jahren Bauzeit konnte die Kulturstätte mit einem Konzert des Staatlichen Lohorchesters Sondershausen wieder eröffnet werden. Im Januar 1967 bot das Landestheater Eisenach ein Gastspiel mit dem Musikdrama „Nabucco" von Verdi.

Anmerkungen:

1 Fechner, Dieter: Aus dem Dornröschenschlaf erweckt, in TLZ, 07.02.1998

2 - - : Die Bühnen der Stadt Nordhausen in Mühlhausen, in: Mühlh. Warte, 10/1954

Aufführungen auf der Freilichtbühne im Thomas-Müntzer-Park

Die ersten Theateraufführungen im Freien fanden bereits im antiken Theater statt. Im Mittelalter bot man geistliche Spiele vor Kirchen und auf Marktplätzen. Im 17./18. Jahrhundert fanden „Gartentheater" in höfischen Gärten und Parks statt. Im 20. Jahrhundert erfolgte eine Wiederbelebung der Freilichttheater im Zusammenhang mit sommerlichen Festspielen, wie mit Hofmannsthals „Jedermann" in Salzburg oder den Festspielen in Bad Hersfeld oder den Opernfestspielen in Verona. Vielfach legte man Freilichttheater in meist landschaftlich reizvoller Kulisse an, wie die Felsenbühne Rathen oder die Bergbühne Fischbach.
Bereits 1878 wurden am Nordhang des Rieseninger Berges auf fünf Hektar die ersten Fichten gepflanzt /1/. Zu Beginn des 20. Jahrhunderts legte der Stadtverordnete und Vorsitzende des Verschönerungsvereins

Theodor Wiesenthal (1853 – 1923) dem Magistrat einen Plan vor, wie der künftige „Stadtpark" begrünt werden sollte. Der verdienstvolle Stadtgärtner Adolf Pollex (1864 – 1921) erarbeitete 1902 den ersten Gesamtplan mit einem ausgeklügelten Wegesystem von 4 500 Meter Gesamtlänge. Viele Mühlhäuser spendeten erhebliche Beträge zum Ausbau der Erholungsstätte. Das 1911 im Schweizer Stil erbaute Park-

Parkhaus im Schweizer Stil (Sammlung Mario Weingardt)

haus wurde später erweitert. Drei Aussichtspunkte waren besonders beliebt: Görmarsche Höhle, Müntzer-Denkmal und Trenckmanns-Blick. Um 1930 waren die umfangreichen Anpflanzungen abgeschlossen und drei Parkwiesen angelegt worden.

Am 20. Oktober 1952 beschloss die Stadtverordnetenversammlung Mühlhausen, den einstigen Stadtpark auf dem Rieseninger Berg zu einem „Kulturpark Thomas-Müntzer" umzugestalten. „Am 8. Februar 1953 fand die feierliche Grundsteinlegung für den Bau des

Mühlhausen / Thür.
Freilichtbühne

Freilichttheaters statt. Am 9. Februar 1953 wurde mit der notwendigen Umgestaltung des einstigen Stadtparkes begonnen. Am 23. Mai 1953 waren die Arbeiten termingemäß beendet." /2/ Über 15 000 freiwillige Arbeitsstunden leisteten Betriebsangehörige und Jugendliche beim Bau des Freilichttheaters, davon 1 200 von hiesigen Handwerkern. Die gesamte Anlage wies ein Ausmaß von 75 mal 75 Meter auf. Die eigentliche Bühne hinter den Goldfischteichen hatte eine Abmessung von 20 mal 15 Metern und das Orchestergelände 10 x 7 Meter. Die gegenüberliegenden Zuschauerterrassen mit einer Mittellänge von 60 Metern an dem nach Süden liegenden Berghang wiesen 24 Abstufungen von je 40 Zentimetern Höhe auf. Die Terrassen boten auf den Sitzbänken mit Lehnen zunächst 2 000 Plätze, sodass die Zuschauer eine wundervolle Sicht auf das Bühnengeschehen hatten /3/.

Während der „Thomas-Müntzer-Kampfwoche für den Frieden" konnte am 25. Mai 1953 die Freilichtbühne feierlich der Bevölkerung übergeben werden. Das Deutsche Nationaltheater Weimar bot Friedrich Wolfs Schauspiel „Der arme Konrad" in einer eigenen Inszenierung. Bereits im Juni 1953 erlebten die Mühlhäuser auf der Freilichtbühne Ludwig van Beethovens Oper „Fidelio". Diese wurde vom Deutschen Nationaltheater Weimar auf der Freilichtbühne im Thomas-Müntzer-Park für alle fünf Theaterringe gemeinsam gegeben. Dr. Franz Zeilinger hob in seiner Theaterkritik hervor (Das Volk, 16.06.1953): „Dieser ‚Fidelio' war für Mühlhausen ein Kulturereignis von überwältigender Größe . . ." - Ferner brachten die Nordhäuser Bühnen auf der Freilichtbühne für die Mitglieder aller fünf „Theaterringe" die Operette „Freier Wind" von Isaak Dunajewski. Im August 1953 folgte Richard Wagners „Meistersinger". Im Kulturbund wurde 1966 die „Gesellschaft der Theaterfreunde" gegründet.
Anlässlich der Arbeiterfestspiele 1974 fand am 5. Juni die Übergabe des neu gestalteten Parkhauses statt. Die Freilichtbühne war 1974 mit 24 Abstufungen von 2 000 auf 2 500 Plätze erweitert worden. Am 6. Juni 1974 konnte die rekonstruierte und erweiterte Freilichtbühne mit Friedrich Wolfs Theaterstück „Thomas Müntzer" wieder eröffnet werden. Am 7. Juni 1974 wurden auf der Freilichtbühne die 15. Arbeiterfestspiele im Festspielkreis Mühlhausen mit einem Volkskunstensemble aus Smolensk und Kulturgruppen des In- und Auslandes eröffnet.

Bild auf Seite 112: Freilichtbühne im „Thomas-Müntzer-Park"
(Sammlung Dieter Fechner)

Anzumerken ist, dass während der Arbeiterfestspiele 1974 in Mühlhausen an verschiedenen Spielorten so genannte Arbeitertheater auftraten. Bereits in der zweiten Hälfte des 19. Jahrhunderts entwickelten sich diese in den Vereinen der Sozialdemokratie. Wahlkampfschwänke, Revuen und besonders komisch-satirische Agitationsstücke bestimmten das damalige Repertoire. In den zwanziger und dreißiger Jahren des 20. Jahrhunderts wurden die Arbeitertheater mit Massenspiel und Sprechchören belebt. In der DDR lebte das Laienspiel zunächst in den dramatischen Zirkeln der FDJ auf, ehe sich nach 1959 Arbeiter-, Bauern-, Dorf-, Lehrer- und Soldatentheater entwickelten. Die besten Gruppen nahmen an den Arbeiterfestspielen teil. Unter denen, die 1974 an den Arbeiterfestspielen in Mühlhausen teilnahmen, waren die Arbeitertheater des Reichsbahnwerkes Eberswalde mit dem Lustspiel „Mein blauer Himmel" von Mathias Czismarek, des Fahrzeug- und Jagdwaffenwerkes Suhl mit der Komödie „Märchen vom alten Krabat" von Alexej Arbusow, des Jugendbergbaugebiet Königstein mit dem Märchenspiel „Die feuerrote Blume" und Hennigsdorf mit „Held auf Zeit" von R. Eichler und J. Scholz. Mitte der achtziger Jahre waren in der DDR etwa 400 dieser Amateurtheatertruppen vorhanden /4/. Im Juni 1975 fanden im Thomas-Müntzer-Park die 5. Betriebfestspiele des VEB Röhrenwerk statt und auf der Freilichtbühne eine Großveranstaltung.
Die Kulturstätte „Freilichtbühne" im Thomas-Müntzer-Park erfreute sich schnell besonderer Beliebtheit nicht nur bei den Mühlhäusern. Allerdings störten zeitweise die vorüber fahrenden Züge der Deutschen Reichsbahn die Theateratmosphäre. Selbst bei unsicherem und kühlem Wetter zogen die Mühlhäuser mit Kissen, Decken und Schirmen versehen, in den einstigen Stadtpark, um einen ansprechenden Theaterabend zu erleben. Später fanden auf der Freilichtbühne in den Sommermonaten auch Filmvorführungen während der Sommerfilmtage statt, aber auch mehrfach Rock-Konzerte, unter anderem mit den Puhdys. 1975 spielten an einem „Konzertabend" die „Stern-Combo" Meißen, die „Klosterbrüder" Magdeburg und „Progressiv" Berlin. Auf der Freilichtbühne fand am 16. Juni 1984 der erste Mühlhäuser Pop-Markt statt. An der siebenstündigen Veranstaltung wirkten Rock-Bands aus Leipzig, Magdeburg, Jena, Wolmirstedt, Lauscha und Lobenstein mit. Nach der „Wende" traten Ende 1989 bekannte Schlägersänger auf, wie: Mary Rose, Rex Guildo, Olaf Berger, eine Dance-Band aus Jamaika und der Moderator Carlo von Tiedemann.

Nachdem die „Sport- und Kulturstätte Schwanenteich” geschaffen wurde, nahm das Interesse der Bevölkerung an dem Thomas-Müntzer-Park leider zusehends ab. Obwohl die Stadtverwaltung das Erholungsgebiet auf dem Rieseninger Berg nach 1989 in fast vier Monaten sanierte, wurde der Park von den Mühlhäusern nicht mehr angenommen. Der Mühlhäuser Geschichts- und Denkmalpflegeverein verzichtete zu Beginn der neunziger Jahre als Nachfolger des „Verschönerungsvereins“ auf die Rückführung des „Parkhauses“. Die Freilichtbühne blieb ungenutzt, zumal das einstige Ausflugslokal und die davor liegende Fläche von 5 000 Quadratmetern 1995 an einen Privatmann verkauft wurden. Damit war sicher das Ende des Thomas-Müntzer-Parks und der Freilichtbühne besiegelt /5/. Die Parklandschaft führte ein Schattendasein und verfiel in einen Dornröschenschlaf, den Vandalismus unterbrach. Die Freilichtbühne verwilderte in kurzer Zeit zunehmend. Veranstaltungen fanden nicht mehr statt. Das Kulturamt der Stadt rief 2002 die Schulen zu einem Ideenwettbewerb zur Neugestaltung des einst beliebten Ausflugszieles auf, um das Gelände der Freilichtbühne neu- bzw. umzugestalten. Schüler der Martini- und Forstbergschule reichten Ideen und sogar Modelle ein. Sie schlugen vor, einen Streichelzoo, eine Sommerrodelbahn zu schaffen, die Spielflächen zu erweitern und die Spielstätte für Schüleraufführungen zu nutzen. Andere Kinder wünschten sich auf dem Areal der ehemaligen Freilichtbühne einen Teich, eine Wassermühle, eine riesige Rutsche oder einen Sportplatz zu schaffen. Dezernent Matthias Müller dankte im Namen des Oberbürgermeisters Hans Dieter Dörbaum den Schülern für ihre Vorschläge und zeichnete einige aus /6/. Das Grünflächenamt der Stadtverwaltung entschloss sich, das mehrere Hektar große Areal zu erhalten, wenn auch keine größeren Investitionen in nächster Zeit vorgesehen seien. Im September 2005 führten Redakteure der „Thüringer Allgemeinen / Mühlhäuser Allgemeinen“ eine Umfrage durch „Was soll aus der Freilichtbühne werden?“ Die sechs befragten Mühlhäuser erinnerten sich gern der vielfältigen Veranstaltungen. Einige äußerten, das verwilderte Areal könne so nicht bleiben, die Freilichtbühne sollte teilweise mit einem Segeldach versehen werden. Problematisch seien die nicht mehr mögliche Versorgung und die fehlenden Sanitäranlagen. Das Mühlhäuser Kulturamt ließ bereits 2004 wissen, die Stadt habe für das Areal keine Konzepte und vor allem kein Geld /7/.

Anmerkungen:

1 Röbke, Dierk: Entstehung des Thomas- Müntzer- Parks, in: TA / MA, 28.02.2004
2 Aderhold, Hermann: Die Geschichte des Thomas – Müntzer - Parks, in: Der Röhrenwerker, 18, 1978
3 Aderhold, Hermann: a. a. O.
4 Träger, Claus: Wörterbuch der Literaturwissenschaft (Arbeitertheater), Leipzig 1986, S. 41
5 Fechner, Dieter: Vom „rieselnden Berg" zu einem Naherholungsgebiet, in: Thüringische Landeszeitung / Mühlh. Ausgabe, 28.08.1999
6 Schmalzl, Reiner: Von Streichelzoo bis Spielflächen, in: TLZ, 29.11.2002
7 - - : Was soll aus der Freilichtbühne werden?, in: TA / MA, 14.09.2005

Weitere Beiträge:

- - : Freilichtbühne Mühlhausen 1953 bis 1958, in: Mühlhäuser Warte, 9/1958, S. 104
Börner, Frank: Verwilderte Parklandschaft am Rieseninger Berg, in: Thür. Allgem. / Mühlh. Allgem., 04.10.2002
Albrecht, Dieter: Keine Konzepte, kein Geld, in; TLZ, 23.09.2005

Mühlhäuser Werner Atzrodt – Opernsänger in Weimar und Leipzig

Kundige Mühlhäuser wissen um die beiden einstigen bedeutenden Bewohner des unscheinbaren, kleinen Hauses in der Wanfrieder Straße 142. Wilhelm Gottlieb Tilesius von Tilenau (1769 – 1857) nahm an der ersten russischen Weltumseglung 1803 bis 1806 unter Adam J. Krusenstern teil. Der hoch geehrte Wissenschaftler kehrte 1814 nach Deutschland zurück und nahm seinen Wohnsitz in seiner Geburtsstadt Mühlhausen in der heutigen Wanfrieder Straße 142.
Der spätere Opern- und Operettensänger Werner Atzrodt wurde am 8. Mai 1920 in Mühlhausen als Sohn des Elektromonteurs Paul Atzrodt in der Ammerstraße 77 geboren. In den dreißiger Jahren lebte die Familie in der Gartenstraße 36. Nach dem Besuch der Volksschule lernte Werner Atzrodt den Beruf eines Drehers und war von 1935 bis 1942 im Möve-Werk tätig. Er heiratete 1941 die älteste Tochter von Paul und Erna Mosebach – Elfriede Mosebach, die in der Wanfrieder Straße 142 wohnten. Das junge Ehepaar lebte von 1941 bis 1951 ebenfalls im Hause der Mosebachs. Aus der Ehe von Werner und Elfriede Atzrodt gingen die Kinder Helmut (Jahrgang 1941), Christa (Jg. 1945) und Monika (Jg. 1950) hervor. Letztere war mit dem Sänger Hans Jürgen Beyer verheiratet.

Wohnhaus der Mosebachs und Atzrodts Wanfrieder Straße 142 (Foto: Dieter Fechner)

Deutsches Nationaltheater Weimar (Sammlung: Dieter Fechner)

Werner Atzrodt wurde an das Deutsche Nationaltheater Weimar engagiert und war zunächst 1951 Chorsänger. Zu dieser Zeit war Karl Kayser (1914 – 1995) von 1950 bis 1958 Generalintendant am DNT in Weimar. Atzrodt nahm Privatunterricht, wurde Sänger für Oper und Operette und sang zahlreiche Rollen als Heldentenor, beispielsweise in der Spielzeit 1951/52 den Linkerton in Puccinis „Madame Butterfly", den Lenski in Tschaikowskis „Eugen Onegin", den Rudolf in Puccinis „La Boheme". 1957/58 trat er in Weimar als Des Grieux in Puccinis „Manon Lescaut", als Hoffmann in Offenbachs „Hoffmanns Erzählungen", als Herzog in Verdis „Rigoletto" und in Verdis „Tosca" auf. Werner Atzrodt war in Weimar in den fünfziger Jahren in „Der Barbier von Bagdad" von Cornnelius, „Don Giovanni" von Mozart und „Eine Nacht in Venedig" von J. Strauß zu erleben. Die zehn Jahre am Deutschen Nationaltheater Weimar waren für Atzrodt die beste Zeit seiner Laufbahn. 1960 wurde der gebürtige Mühlhäuser zum „Kammersänger"

Werner Atzrodt als Herzog in „Rigoletto" 1958 am DNT Weimar

Kammersänger Werner Atzrodt (Foto: privat)

ernannt. Jener Titel wird von staatlichen oder städtischen Institutionen an verdiente Sänger verliehen.
1961 wechselte Werner Atzrodt mit Karl Kaiser an das neue Opernhaus in Leipzig, wo letzterer Generalintendant der Städtischen Theater Leipzig bis 1990 war. In Weimar folgte diesem Professor Otto Lang. Atzrodt trat bis 1988 am Opernhaus Leipzig als Solist in großen und kleinen Rollen auf. Er sang die schönsten Rollen eines lyrischen Tenors. In den sechziger Jahren waren es unter anderem der Alfred in der „Fledermaus" von J. Strauß, der Herzog in "Rigoletto" von Verdi, der Hans in „Die verkaufte Braut" von Smetana, der Tamino in „Die Zauberflöte" von Mozart und die Titelrolle in „Oberon" von Weber. In jener Zeit war Joachim Herz (geb. 1924) Operndirektor von 1959 bis 1976 am Opernhaus Leipzig und inszenierte unter anderem Wagners „Fliegenden Holländer" (1962) und „Ring der Nibelungen" (1973 bis 1976). Atzrodt erhielt in Leipzig Rollen in Wagner-Opern, wie „Der fliegende Holländer", „Die Meistersinger von Nürnberg", „Reingold" und „Tannhäuser". Joachim Herz übernahm nach Walter Felsensteins Tod 1975 die Intendanz an der Komischen Oper in Berlin und wurde ein gefragter Opernregisseur in vielen Ländern Europas und darüber hinaus.
Atzrodt sang und spielte in den siebziger Jahren beispielsweise die Titelrolle in „Der Spieler" von Prokofjew, den Almaviva in „Der Barbier von Sevilla" von Rossini, den Sänger in „Der Rosenkavalier" von R. Strauss, den Lenski in „Eugen Onegin" von Tschaikowsky, den Rene in „Madame Pompadour" und den Barinsky in Der Zigeunerbaron" von J. Strauß. Eine seiner letzten Rollen spielte Atzrodt in der Verdi-Oper „Nabucco". Werner Atzrodt erhielt Gastrollen unter anderem in Altenburg und Dessau. Gastspiele des Leipziger Opernensembles führten ihn nach Italien und Spanien.
Nach fast vierzigjährigem Wirken in Weimar und Leipzig endete Werner Atzrodts 1985 aktive Laufbahn als Opern- und Operettensänger. Er ging in den wohlverdienten Ruhestand, sang und spielte als Gast die laufenden Partien in den Spielzeiten bis 1989. Darunter waren Rollen in „Nabucco", „Rosenkavalier", „Meistersinger" und „Meister Röckle" (von Joachim Werzlau). An seinem 65. Geburtstag am 8. Mai 1985 wurde er mit der Caroline-Neuber-Medaille in Silber ausgezeichnet. Generalintendant Professor Dr. h. c. Karl Kayser würdigte Werner Atzrodts Wirken in einem persönlichen Schreiben: „Wie viele schöne Partien Ihres Faches haben Sie gesungen und gespielt! Als lyrischer und

italienischer Tenor kamen Sie 1962 vom Deutschen Nationaltheater Weimar ans Leipziger Opernhaus, wo auf Sie eine Fülle der dankbarsten Aufgaben wartete, und außerdem ein Ensemble, das im neu erbauten Hause sich anschickte, Theatergeschichte zu machen. . . . Wie viel Freude und Entspannung haben Sie ihren Mitmenschen mit Ihrer Kunst bereiten können! Uneigennützig haben Sie sich jederzeit für Einsätze in Werbeveranstaltungen und bei Konzerten in Produktionsbetrieben bereit gefunden. Es ist mir ein besonderes Bedürfnis, Ihnen für alles das, was Sie in langjähriger künstlerischer Tätigkeit geleistet haben, auf das herzlichste zu danken."
Werner Atzrodt hat seine Kontakte zu Mühlhausen nicht verloren, wie zu seinen Verwandten Mosebach in der Wanfrieder Straße 142. Seine Frau Elfriede Atzrodt starb im 80. Lebensjahr 1998 in Leipzig. Ältere Mühlhäuser erinnern sich, dass der Kammersänger mehrfach in seiner Geburtsstadt auftrat, unter anderem mit den „Frohen Sängern" auf dem „Stadtberg". Der Volkschor „Frohe Sänger" gab am 22. Oktober 1989 anlässlich seines 110-jährigen Bestehens im Kulturzentrum Schwanenteich ein begeisterndes Jubiläumskonzert. Unter den Mitwirkenden waren Kammersänger Werner Atzrodt und Ralf Otto sowie das Staatliche Loh-Orchester Sondershausen.

Anmerkungen:
Sparig, Christa (Tochter Atzrodts): persönliche Mitteilungen an den Verfasser
Fechner, Dieter: Tilenaus "Heimathafen" nach der Weltumseglung, in: TLZ, 10.01.1998
Fechner, Dieter: Kammersänger wurde 80, in: TA / MA, 09.05.2000
- - : Adressbuch der Stadt Mühlhausen 1921, 1934/35

Zum Theaterleben in Mühlhausen in den 70er und 80er Jahren

In jener Zeit folgten in Mühlhausen weitere Gastspiele der Erfurter und Nordhäuser Bühnen, wie 1970 Lessings „Nathan der Weise" mit Friedewald Berg in der Hauptrolle.
Anlässlich des 450. Jahrestages des deutschen Bauernkrieges führte am 5. Juni 1975 in der Konzerthalle Marienkirche das Ensemble des Landestheaters Eisenach die szenische Spielfolge „Unsere Enkel fechtens besser aus oder Der Krieg des gemeinen Mannes" auf. Sie stammte aus

der Feder des Lehrers und Autors Gerhardt Hildebrand (1929 – 1978) aus Lengenfeld unterm Stein /1/.
Bereits 1977 erlebten die Mühlhäuser Theaterfreunde das Einpersonenstück „Ein Gespräch im Hause Stein über den abwesenden Herrn von Goethe“ von dem erfolgreichen DDR-Dramatiker Peter Hacks (1928 - 2003). 1976 war das etwa zweistündige Stück in Dresden mit Traute Richter uraufgeführt worden /2/. Das Monodrama handelte im Oktober 1786. Charlotte von Stein hielt im tiefgründigen Selbstgespräch einen umfangreichen Rückblick auf die Geschichte ihrer Beziehung zu Goethe und zu ihrem Mann. Die Freifrau ging mit beiden ins Gericht, doch der Angeredete war das Publikum. Josia von Stein trat lediglich als Puppe in Hausrock und Reitstiefeln auf. Das Deutsche Nationaltheater Weimar brachte das Monologstück erst 1988 mit Sylvia Kuziemski heraus. Peter Hacks Stück erlebte Inszenierungen auf vielen DDR- und BRD-Bühnen und in über 21 Ländern. Es wurde in Zürich, Wien, Prag, Krakow, Dublin, Mailand, Riga, Stockholm, Paris und New York gespielt. Besonders erfolgreich war Karin Gregorek in Berlin und während eines Gastspiels in Paris. Den Nachlass Peter Hacks, dessen Werke in fünfzehn Bänden erschienen sind, übernahm das Deutsche Literaturarchiv im Schiller-Nationalmuseum in Marbach.

Die bekannte Chansonette, Theater- und Filmschauspielerin Gisela May gab am 13. Dezember 1979 in der Kulturstätte Schwanenteich ein Gastspiel.
Auch 1980 stellte der Rat der Stadt, Abteilung Kultur, einen Spielplan für die Theaterfreunde zusammen. Erstmals sollte Mühlhausen von zwei Theatern in der Kulturstätte Schwanenteich bespielt werden:

Programmheft zu Peter Hacks Stück, herausgegeben vom DNT Weimar

den Nordhäuser Bühnen und dem Landestheater Eisenach. Die Eintrittspreise für Theater und Schauspiel betrugen: Anrecht – 3,65 bzw. 2,85 M, Freiverkauf - 405 bzw. 3,03 M, Ermäßigung für Schüler und Rentner – 2,05 bzw. 1,55 M.

Aus dem Repertoire beider Bühnen bot man 1980 an:
April: „Miss Sara Sampson“ von Lessing (mit einer Einführung)
Mai: „Ja, die Familie“, musikalisches Lustspiel von H. Kramer und J. Allihn
Juni: „Die Insel“ von A. Fugard
Sept.: „Ich trete aus der Weltgeschichte aus“, musikalisches Lustspiel von M. Caspar
Okt.: „Die acht Frauen“, Kriminalkomödie von Robert Thomas
Nov.: „Zauber der Melodie“ (Melodien aus Oper, Operette, Musical)
Dez.: „Silvestersauna“, Komödie von E. Bragynski und E. Rjasanow
Anzumerken ist, dass die gleichen Stücke auch dem „Schülerring“ und dem „Jugendring“ angeboten wurden. Das Landestheater Eisenach kündigte für 1981 Aufführungen für die Schüler der Klassen 1 bis 8 an: „Die Bremer Stadtmusikanten“, „König Drosselbart“, „Struwelpeter“ und „Die Puppenfee“.
Am 31. Januar 1981 hatte in der Kulturstätte Schwanenteich die Veranstaltungsreihe „Theaterdiskothek“ Premiere. Nach der Aufführung der Komödie Vhiozza“ vom Landestheater Eisenach bat man bei gepflegter Diskomusik zum Tanz. Da man nicht in Stuhlreihen saß, sondern an Tischen, war es auch während der Vorstellung möglich, Getränke zu sich zu nehmen /3/.
Im Mai 1982 erlebten die Mühlhäuser Theaterbesucher im Saal am Schwanenteich unter anderem eine Inszenierung von Maxie Wanders (1933 – 1977) erfolgreichem Tagebuch „Guten Morgen, du Schöne“. Im Mai 1982 bot man zusätzlich ein Gastspiel des weltweit beliebten Balletts „Brasil Tropical“. Theaterveranstaltungen fanden in Mühlhausen Ende der achtziger Jahre seltener statt. Regelmäßig fuhren begeisterte Theaterbesucher unter Leitung von Frau Ria Nolte nach Nordhausen, worüber gesondert berichtet wird.
Zu Beginn der neunziger Jahre gestaltete man das einstige Cafe’ in der Kulturstätte Schwanenteich zu einer Kleinkunstbühne um und richtete den Raum mit neuem Mobilar ein. Im „Cafe’ Schwan“ fanden unter anderem zahlreiche Autorenlesungen, Kabarett- und Liederabende statt.

Kulturstätte Schwanenteich 1975
(Sammlung Bernd Mahr)

Die Saalbühne erhielt einen neuen Vorhang und neue Beleuchtung. Foyer und Saal wurden malermäßig instand gesetzt und letzterer mit neuen Stühlen und Tischen ausgestattet /4/.

Anmerkungen:
1 Fechner, Dieter: Literarisches Mühlhausen, Bad Langensalza 2005, S. 72
2 Kerndl, Rainer: Die Rechtfertigungen der Frau von Stein, in: ND, 01.04.1976
3 - - : Thüringer Tageblatt, 17.01.1981
4 Fechner, Dieter: Im Krieg wurde der Müller zum Raubmörder („Schwanenteich"), in: TLZ, 19.06.1999

40 Jahre Theaterfahrten nach Heiligenstadt / Nordhausen (Ria N o l t e)

Die ehemalige Leiterin der Gewerkschaftsbibliothek des einstigen Bezirksfachkrankenhauses Pfafferode – dem heutigen Ökumenischen Hainich-Klinikum - Ria Nolte (Jg. 1920) gründete 1965 ein Theateranrecht für Betriebsangehörige. Ein von Frau Nolte gewissenhaft geführtes Brigadebuch vermittelt anschaulich und faktenreich, wie sich die vier Jahrzehnte währende Geschichte dieses Theateranrechts entwickelte. „Zuerst scheiterten alle Versuche, ein Theateranrecht aufzubauen." Die Bühnen der Stadt Nordhausen gastierten im 1963 erbauten Kreiskulturhaus Heiligenstadt, in dem in zwanzig Jahren 34 500 Kulturveranstaltungen mit 2,9 Millionen Besuchern stattfanden. Für den ersten Theaterbesuch der Mühlhäuser fanden sich spontan zehn Anrechtsmitglieder. „Am 21. September 1965 fuhren wir erstmals mit 17 Kollegen unserer Einrichtung zu einer Theatervorstellung nach Heiligenstadt und sahen das Schauspiel ‚Stürmische Überfahrt bei spiegelglatter See'." Die Aufführung von „Don Carlos" im November sahen bereits 42 Anrechtsmitglieder und wenig später die „Fledermaus" 119 Anrechtsmitglieder.

Die Mühlhäuser Theaterfreunde fuhren samstags zunächst mit zwei Bussen nach Heiligenstadt ab Pfafferode und stiegen zu an der Aue, am Untermarkt und Wendewehr. Kollegen des VEB Kraftverkehr Mühlhausen ermöglichten es, bei jedem Wetter pünktlich in Heiligenstadt einzutreffen. Nach Ankunft im Kulturhaus nahm man gemeinsam ein Abendessen ein, wenn auch nur zwei Gerichte zur Auswahl standen. Um 20 Uhr begannen die Vorstellungen. Die Mühlhäuser nahmen die ersten Reihen ein und wurden teilweise von den Darstellern „angespielt." Man erlebte: „Der Waffenschmied" von Lortzing, „Nathan der Weise" von Lessing, „In Frisco ist der Teufel los" von Natschinski und „Der Kaukasische Kreidekreis" von Brecht.
Das einstige Stadttheater Nordhausen war am 29. September 1917 eröffnet und am 4. April 1945 von einem Bombentreffer schwer zerstört worden. Am 15. Oktober 1949 konnte es wieder eröffnet wurden. Von 1947 bis 1989 führte es den Namen „Bühnen der Stadt Nordhausen".

Kreiskulturhaus Heilbad Heiligenstadt und Foyer im Kulturhaus Heiligenstadt. Spielstätte Bühnen der Stadt Nordhausen (Foto: Sammlung Ria Nolte)

Theater Nordhausen (Foto: Helga Ehrhardt)

Intendant der Bühnen der Stadt Nordhausen war von 1965 bis 1989 Siegfried Mühlhaus, der 2001 verstarb. Er war der langjährigste Theaterprimus in jener Stadt. Mühlhaus hatte während seiner Verwaltungstätigkeit in Erfurt begonnen Gesang zu studieren und setzte es in Weimar fort. Sein erstes Engagement erhielt er als lyrischer Bariton in Greiz. Nach weiteren Stationen in Meiningen und Radebeul wurde Mühlhaus Intendant in Greiz. Der Erfurter Intendant Bodo Witte schlug ihn für die Intendanz in Nordhausen vor. In der Radiosendung „Lampenfieber" ging er 1965 als „singender Intendant" in die Theatergeschichte ein. Während seiner Intendantentätigkeit in Nordhausen übernahm er pro Jahr nur eine Inszenierung. Seine letzte war 1989/90 Smetanas „Die verkaufte Braut". Mühlhaus' Grundsatz als Theaterprinzipal lautete: „Das Theater lebte als Familientheater. Dadurch, dass alles familiär verbunden war, blieben die Leute noch länger in ihrer Arbeit. Sie bekamen vom Theater z. B. Wohnungen gestellt. Und es gab eben viele Doppelengagements." Nach Mühlhaus übernahm von 1990 bis 1993 Hubert Kross jun. den Intendantenposten in Nordhausen und

Siegfried Mühlhaus, Intendant in Nordhausen, (Foto: Sammlung R. Nolte)

Michael Schindhelm den des Geschäftsführers. Nach drei Jahren bewarben sich beide zu gleicher Zeit um die frei gewordene Intendantenstelle in Gera. Interessant ist, dass man sich hier für den Geschäftsführer des Theaters in Nordhausen als neuen Intendanten entschied. Hubert Kross jun. wurde dort musikalischer Oberspielleiter. Schindhelm ging von Gera nach Basel als Intendant. Er gilt als einer der profiliertesten Theatermanager und ist seit 2004 Generaldirektor der Berliner Opernstiftung. Dass er zu seiner Zeit in Nordhausen die Weiterbildung der Bibliothekarinnen und Bibliothekare aus unserer Region in Leinefelde übernommen hatte, wird er sicher vergessen haben, vermutet Ria Nolte.

Intendant Mühlhaus folgte im Juni 1967 einer Einladung nach Mühlhausen. Er stellte den Anrechtsmitgliedern in Pfafferode den Spielplan 1967/68 vor. Einige Sänger boten Kostproben der zu erwartenden Operetten und Opern. Theaterbesucher und Künstler diskutierten den Spielplan. 1967 bestand das Stadttheater Nordhausen 50 Jahre. Das Theaterspielen hat in der Stadt am Südharz eine lange Tradition. Die Bürger der Stadt ergriffen immer wieder die Initiative, dass Theater gespielt werden konnte, spätestens mit der Aufführung von Schillers „Die Räuber". Ende September 1967 gründete Ria Nolte mit 36 Mitgliedern im Kulturhaus Pfafferode die „Gesellschaft der Freunde des Theaters". Deren Ziel war es, Einblicke in die Aufgaben und Probleme des künstlerischen Schaffens zu vermitteln, Kontakte zwischen Theaterschaffenden und Besuchern zu vertiefen und noch mehr Besucher an das Theater heranzuführen. In Abständen von vier bis sechs Wochen sollte während eines Teeabends mit einem festen Programm in die Theaterarbeit eingeführt werden. Es kam zu nahezu regelmäßigen persönlichen

Ria Nolte mit dem Schauspieler, Regisseur und Autor Helmut Müller in Pfafferode, Oberleiter in Nordhausen 1976
(Foto: Sammlung Ria Nolte)

Kontakten zu Schauspielern, Sängern, Tänzern, Regisseuren, Dramaturgen, Bühnen- und Maskenbildern. Künstler und Zuschauer lernten sich von Angesicht zu Angesicht kennen und menschlich schätzen.

Zahlreiche Briefe bezeugen dieses, wie von den Opernsängern Gerhard Panteleit, Jutta Streichardt, Thea Mende, Istvan Honti, Peter Hamann und Peter Schulte – Overbeck, dem Regisseur Gerhard Wolf, den Dramaturgen Gisela Jahn und Winfried Liebal, dem Kapellmeister Siegfried Voigt, dem Ballettmeister Fred Hammer, dem musikalischen Oberleiter und späteren Musikdirektor Kurt Schäfer und dem Tenor Jürgen Wald. Letzterer ging 1970 an das Erfurter Opernhaus, aber die Verbindung zu den Freunden in Mühlhausen blieb. Mit Gisela Galander, den Geschwistern Hannelore und Karl-Heinz Dolge und Jörg Rathmann gestaltete er bis zur „Wende" im Kulturhaus des damaligen Bezirksfachkrankenhauses viele gut besuchte Veranstaltungen, wie zur Woche des Buches, Sommerfeste für Senioren, Weihnachtsfeiern und vieles mehr. Die Verbindung besteht noch heute, wie zu Gerhard Wolf, der 1971 von Nordhausen an die Semperoper nach Dresden ging. Kurze Zeit leitete er im Bezirksfachkrankenhaus eine Laienspielgruppe für Erwachsene. Nachdem er in Dresden war, kam er nach Mühlhausen und zeigte Lichtbilder über die Wiedereröffnung der Semperoper im Kulturhaus in Pfafferode und im Kulturbund in der Brückenstraße. Zum 80. Geburtstag von Frau Nolte kam er mit seiner Frau, um seine Glückwünsche persönlich zu überbringen. Zur Jahreswende 2004/05 schenkte er Frau Nolte die CD „Ein bisschen Goethe, ein bisschen Schiller . . .“ – einen Mitschnitt von einer von Wolf gestalteten öffentlichen Veranstaltung.

Musikdirektor Kurt Schäfer (Foto: Sammlung Ria Nolte)

Der Heiligenstädter Kulturhausleiter Manfred Nitz äußerte Ende 1967: „Besonderer Dank gilt jedoch der Kollegin Ria Nolte, die sich seit dem Bestehen der Gruppe unermüdlich und zielstrebig eingesetzt hat, um anderen Menschen den Besuch des Kreiskulturhauses zu ermöglichen.“ Zu Beginn der Spielzeit 1968/69 konnte neben dem Dienstag-Ring (35 Mitglieder) und Mittwoch-Ring (26 Mitglieder) noch ein Samstag-Ring (42 Mitglieder) gebildet werden. Das heißt: von den 600 Beschäftigten in Pfafferode hatten etwa 100 ein Theateranrecht abgeschlossen. Die Theaterfreunde erwarteten in jener Spielzeit die Stücke: Gorkis „Die Feinde“, Shakespeares „Viel Lärm um nichts“, Brechts „Pauken und Trompeten“ und Salomons „Der Lorbass“. Im Musiktheater waren vorgesehen: Lortzings „Der Wildschütz“, Verdis „Macbeth“, Orffs „Der Mond“, Heubergers „Opernball“ und Strauß' „Wiener Blut“. Der Intendant Mühlhaus schrieb 1968 unter sein Foto: „Den Freunden des Theaters aus Mühlhausen vielen Dank für die großartige Aktivität.“ Kurt Schäfer äußerte handschriftlich: „Ich möchte wünschen, dass der viel

Aufführung „Madame Butterfly“ mit Jutta Streichardt und Thea Mende im Kulturhaus Heiligenstadt (Foto: Sammlung Ria Nolte)

geforderte Kontakt zwischen Besuchern und Künstlern überall so gut wäre, wie in Mühlhausen beim Stützpunkt der Freunde des Theaters. Es braucht uns um die Zukunft des Theaters und der Kultur nicht bange zu sein. Möge es so bleiben.“ 1968 begeisterte die 120 Mühlhäuser Anrechtsbesucher unter anderem: „Der Richter von Zalamea“ von Calderon und „Der Waffenschmied“ von Lortzing. In Mühlhausen erfolgten Einführungen zu den Opern „Carmen“, „Madam Butterfly“ und „Macbeth“ und zu Gorkis Stück „Die Feinde“. 29 Mühlhäuser reisten 1968 zu einer Probe des „Wildschütz“ nach Nordhausen, sodass Gerhard Wolf bemerkte: „Wo kommt es so schnell nochmals vor, dass eine Theatergruppe 60 Kilometer weit zum Stammhaus fährt, um sich einen Einblick in die Probenarbeit zu verschaffen?“
Bevor der Spielplan 1968/69 in Pfafferode diskutiert wurde, erfreuten Sänger die Besucher mit gesanglichen Darbietungen. Einen ansprechenden Lyrikabend gestaltete Karl Friedrich Zimmermann im Bezirksfachkrankenhaus 1969. Auch der attraktive Spielplan 1969/70 fand die begeisterte Zustimmung der Mühlhäuser Theaterfreunde. Das zweijährige Bestehen der „Gesellschaft der Theaterfreunde“ wurde 1969

festlich mit einigen Künstlern begangen, die ein außergewöhnliches Programm mit erlesenen Kostbarkeiten boten. Fünfundfünfzig Besucher zählte eine Veranstaltung zur „Woche des Buches 1969“ im Sporthaus in Pfafferode, als einige Nordhäuser Künstler Ausgewähltes aus dem dramatischen Schaffen Bertolt Brechts vorstellten. Zur „Woche des Buches 1970“ boten Heidemarie Geese und Klaus-Dieter Ulrich aus Nordhausen in Pfafferode einen ansprechenden Lyrikabend. Unter dem Motto „Das ewig Weibliche zieht uns hinan“ boten 1971 der Sänger Gerhard Wolf und Kapellmeister Siegfried Voigt von den Nordhäuser Bühnen im Kulturhaus in Pfafferode Liebeslieder und Liebeslyrik. Die Besucher aus Mühlhausen waren auch vom Bühnenball 1971 in Nordhausen begeistert. Herbert Ottos erfolgreiche Erzählung „Zeit der Störche“ (1966) verfilmte Siegfried Kühn 1971 mit Heidemarie Wenzel und Winfried Glatzeder. Für die Nordhäuser Bühnen dramatisierte sie Otto Wirrmann. Dieses Schauspiel erlebte in Nordhausen seine Uraufführung. Hauptdarsteller und Regisseur Karl Friedrich Zimmermann stellte das Stück im kleinen Saal des Kulturhauses des Bezirkskrankenhauses in Pfafferode vor /1/.
In den Spielzeiten der 70-er Jahre boten die Nordhäuser neue Stücke an, wie: „In Sachen Adam und Eva“ von Rudi Strahl, „Die Aula“ von Hermann Kant, „Fisch zu viert“ von Kohlhaase / Zimmer und “Der Müller von Sanssouci“ von Peter Hacks. Im Musiktheater standen auf dem Programm: die Opern „Othello“ von Verdi, „Der Barbier von Sevillia“ von Rossini, „Don Giovanni“ von Mozart, „Der Bajazzo“ von Leoncavallo, „Tiefland“ von d’ Albert, „Zar und Zimmermann“ von Lortzing, „Fidelio“ von Beethoven und die Operetten „“Boccaccio“ von Suppe’, „Der Vogelhändler“ von Zeller und “Bel Ami“ von Kreuder. Die Mühlhäuser Theaterfreunde besuchten auch Vorstellungen in Erfurt, wie „Porgy and Bess“ (1971) und „Ein Fall für Sherlock Holmes“ (1982).
Anzumerken ist, dass zu DDR-Zeiten der Bildungsanspruch an das Theater sehr hoch gesteckt war. Neben Werken von bekannten Klassikern wurden zeitgenössische Stücke aufgeführt, um im Spielplan Vielfältiges anzubieten. „Nordhausen war für sein politisches Theater bekannt. Bei der Durchsicht der Programmhefte fällt das Jahr 1987 auf . . .“ /2/.
In diesem Jahr spielte man: „Untergang“ von Walter Jens, „Wolokolamsker Chaussee I und III“ von Heiner Müller, eine Collage von Christa

Jürgen Wald (zweiter von rechts) in „Porgy and Bess" am Opernhaus Erfurt, Oktober 1971 (Foto: Dietel, Erfurt)

Wolfs „Kassandra", „Transit Europa" von Volker Braun und „Passage" und „Die wahre Geschichte des Ah Q" von Christoph Hein. In den 80-Jahren sahen die Mühlhäuser Theaterfreunde unter anderem die neuen Stücke: „Frau Jenny Treibel" und „Maries Baby" beide von Peter Hacks und „Familie Birnchen" von Karl Hermann Roehricht.
Ria Nolte publizierte vielfach Beiträge über die Theatererlebnisse in der regionalen Tagespresse „Das Volk" und der Betriebszeitung des Bezirksfachkrankenhauses „DAS ECHO". Der erste Betriebszeitungs-redakteur der letzteren war Günter Pankow, der im Februar 1977 verstarb. Ria Nolte fand von den Künstlern, dem Intendanten und den Theaterbesuchern viele anerkennende Worte für ihre umsichtige und engagierte Tätigkeit im Stützpunkt der „Gesellschaft der Freunde des Theaters". Immer wieder gelang es der Mühlhäuserin, persönliche Begegnungen zwischen Künstlern und Theaterfreunden zu initiieren, ob in Mühlhausen oder in Nordhausen. Auf diese Weise wurden nicht nur schlechthin herzliche Kontakte gepflegt, die die Begeisterung und Freude an den Theatererlebnissen förderten und bereicherten. Es kam zu

Der Tenor Jürgen Wald in „Ein Fall für Sherlock Holmes“ in Erfurt 1982 (Foto: Irmgard Edler)

unvergesslichen Begegnungen für beide Seiten. Beispielsweise führte Gerhard Wolf die Mühlhäuser durch das alte und neue Nordhausen. Grüße zum Internationalen Frauentag erreichten die Nordhäuser Künstlerinnen aus Mühlhausen.

Höhepunkte waren in jedem Jahr – bis zur „Wende“ - die lange vorher ausverkauften Bühnenbälle in Nordhausen. Zu diesen reisten die Theaterfreunde bereits mittags ab, und eine Übernachtung war eingeplant. Mit einer heiteren Theatervorstellung wurde der Abend eröffnet. Alle Räume waren unterschiedlich thematisch dekoriert, und überall wurde musiziert und gesungen. Alle Mitarbeiter und Künstler waren in zwei Schichten in die Bewirtschaftung und Bedienung einbezogen, wie sich Wilhelm Wender erinnerte. Um Mitternacht wurde gewechselt, und man musste schon bis zum Morgen bleiben, um alle Künstler getroffen zu haben. Wenn die Mühlhäuser im Haus waren, machten manche Künstler die ganze Nacht Dienst. Man musste „Bühnenball-Geld“ einwechseln, um Speisen und Getränke bezahlen zu können. Die Mühlhäuser Gruppe war gleichsam Anlaufpunkt für viele Künstler und den Intendanten, um die guten persönlichen Kontakte weiter zu pflegen und auszubauen. Einmal wurde auch in den Geburtstag von Ria Nolte hinein gefeiert. Intendant Mühlhaus hatte alles gut vorbereitet. Um Mitternacht brachte der Chor des Hauses ein Ständchen und jeder Gratulant überreichte eine Flasche Sekt.

Die Anrechtsvorstellungen besuchten die Mühlhäuser Theaterfreunde im Kulturhaus Heilbad Heiligenstadt in all den Jahrzehnten unter der Leitung der unermüdlichen Ria Nolte. Nach der „Wende“ 1989/90 erlebten die Mühlhäuser die Aufführungen im Theater in Nordhausen.

Bühnenball in Nordhausen 1988 (von links, hinten: Karl-Heinz Gunkel, Waldtraut Köhler, Dieter Ehrsam, Ria Nolte, Ruth Giese, Ute Ehrsam von links, vordere Reihe: Dieter Erlebach, Karin Erlebach, Kristina Köhler, Helgard Wender, Wilhelm Wender) (Foto: Sammlung Ria Nolte)

Während der Spielzeit 1993/94 waren es beispielsweise: Goethes „Urfaust", Shakespeares „Was ihr wollt", Puccinis „La Boheme", Dvoraks „Rusalka" und Zellers „Der Vogelhändler".
1997 konnte das Nordhäuser Theater feierlich sein 80-jähriges Bestehen feiern. Professor Dr. Christoph Nix (Jg. 1954) war seit 1. September 1994 Intendant an der Theater Nordhausen / Loh-Orchester Sondershausen GmbH. Der einstige Clown, Zirkusdirektor und spätere Anwalt für Strafverteidigung hatte seit 1989 an Theatern in Marburg, Zürich und Gießen gearbeitet. Anfang der neunziger Jahre arbeitete Christoph Nix mit Peter Palitzsch am Berliner Ensemble und Frank Castorf an der Berliner Volksbühne zusammen. Christoph Nix folgte als Nordhäuser Intendantin Dr. Monika Pirkelbauer aus Österreich und ihr vom Kasseler Theater als jüngster Intendant Deutschlands und Geschäftsführer Lars Tietje /3/.

Ria Nolte führt ehrenamtlich ihre Lebensaufgabe besessen fort – und das in den letzten Jahren trotz ihrer Gehbehinderung! – Im Jahre 2004 zählte dieses Mühlhäuser Theateranrecht 55 Mitglieder. Das heißt: über vier Jahrzehnte lang führte Ria Nolte ehrenamtlich die Mühlhäuser Theaterfreunde an Theaterveranstaltungen aller Art heran. Sie behielt in all den Jahrzehnten gleichsam die Fäden in der Hand, hielt die Kontakte zur Intendanz und zu den Künstlern, bereitete die Theaterbesuche vor und organisierte die Busfahrten.

Einen besonderen Höhepunkt in all den Jahrzehnten bildete ein Besuch der Semper-Oper in Dresden. Unmittelbar nach der Wiedereröffnung des legendären Opernhauses durfte Ria Nolte mit 25 Mühlhäuser Theaterfreunden einen Tag in dem weltberühmten Opernhaus verleben. Der Intendant Professor Dr. Schönfelder gestattete es den Mühlhäusern, einen Tag in dem Musentempel zu verbringen. Um vier Uhr verließen sie ihre Stadt, um 9 Uhr erhielten sie in der Kantine der Semper-Oper das Frühstück und um 13 Uhr das Mittagessen. Um 10 Uhr nahmen sie an einer Probe des „Tannhäuser“ teil. Nach dem Mittagessen erfolgte eine Exklusiv-Führung durch das Opernhaus. Aus berufenem Munde hörten die Gäste manches über die Zerstörung und den Wiederaufbau, standen vor, auf und hinter der Bühne, saßen in der Königsloge, hörten die Geschichte über den Schmuckvorhang, der für sie fallen gelassen wurde. Man wanderte über die Probebühnen und durch die Säle und hielt den Atem an vor den Garderobentüren mit den Namen Peter Schreier und Theo Adam. Gegen 22 Uhr waren die Mühlhäuser voller einmaliger Eindrücke wieder zu Hause /4/.

Seit mehr als zehn Jahren hilft Frau Kristina Köhler bei der aufwendigen Arbeit bezüglich der Theaterfahrten nach Nordhausen. Sie übernimmt unter anderem die regelmäßige Zustellung der Theaterkarten durch die Post. Sicher wird sie einmal die Nachfolge von Frau Nolte antreten.

Anmerkungen:

1 *Nolte, Ria: Brigadebuch „Gesellschaft der Freunde des Theaters“ (seit 1967)*

2 *Schweimler, Astrid / Nix, Christoph (Hg.) : 80 Jahre Theater Nordhausen, 1917 – 1997, Bad Lauterberg 1997*

3 *Nix, Christoph / Quilitzsch, Frank: Der Clown lacht, aber lügt nicht (Interview), in: TLZ, 07.10.1995*

4 *Nolte, Ria: a. a. O.*

30 Jahre Autor von Laienspielen für Schüler

Der Lehrer für Deutsch und Geschichte Peter Dulinski verfasst seit 1975 – und damit seit über 30 Jahren – Stücke, Kabarettprogramme und Performancen, die er mit Schülern einstudiert. Peter Dulinski wurde am 6. Januar 1946 in Kassel geboren, besuchte 1952 bis 1962 die Grundschule bzw. POS in Friedrichroda im Kreis Gotha und legte 1965 das Abitur an der Betriebsberufsschule „Kowalit“ in Waltershausen ab (Berufsausbildung mit Abitur). Er studierte 1966 bis 1970 Germanistik und Geschichte an der Universität Rostock. Von 1970 bis 1990 war er als Lehrer an der POS in Menteroda tätig. Seit 1990 unterrichtet er am Tilesius-Gymnasium in Mühlhausen. Bereits in Menteroda verfasste der Pädagoge von 1975 bis 1987 fast ein Dutzend Stücke, die er mit Schülern einstudierte, wie: „Bevor der Sturm losbrach“ (1975), „Der Schweinehirt“ (1979), „Verdeckungen bei uns zu Hause“ (1982), „Wenn michs nur gruselte“ (1983), „Frech wie Oskar“ (1985), „Brecht für Schüler – eine Lanze“ und „Herbstzeitlose“ (beide 1987). Die Stücke wurden nicht nur in Menteroda, Mühlhausen, Ammern, Bickenriede, Struth, Urbach und Sollstedt aufgeführt, sondern auch in Erfurt,

Tilesius-Gymnasium An der Burg (1975 bis 1989 Erweiterte Oberschule „Erich Weinert“) (Foto: Dieter Fechner)

Gotha, Sondershausen, Eisenhüttenstadt und dem damaligen Karl-Marx-Stadt. Die Menteröder Schüler traten damals in 164 Auftritten vor ungefähr 28 000 Zuschauern auf. Das Schülerkabarett nannte sich „Die Kalabris“ und unterstand dem Kaliwerk Volkenroda. Während der „Wendezeit“ folgte das Stück „Schlaglöcher“ im Oktober 1989, das dreimal vor insgesamt 350 Zuschauern in Menteroda und Mühlhausen gespielt wurde.
In den fünfzehn Jahren von 1991 bis 2005 folgten am Tilesius-Gymnasium in Mühlhausen 23 Programme, Texte und Perfomancen, die Dulinski schrieb und inszenierte, zumeist selbst. Darunter waren beispielsweise:

- „Wildwest in Mühlhausen“ (1991): darin wurden die Ereignisse nachgestaltet, als „Bellacola“-Indianer aus dem Zirkus „Hagenbek“ 1885 in Mühlhausen auftraten. Das Stück führten die Schüler anlässlich des 175-jährigen Bestehens des Kreises Mühlhausen vor den Mitgliedern des Kreistages auf.

Joris C. Heyder in der Rolle des Franz Kafka im Stück „Kafka“ (Foto: Sammlung P. Dulinski)

- „Charles und Vincent“ (1992): Im Mittelpunkt standen Bukowski und van Gogh. In der „schrillen philosophischen Auseinandersetzung“ ging es um Wertgefühle in der modernen Gesellschaft.
- „Christus“ (1994): Mit diesem „Plädoyer für Toleranz, Verständnis und Mitmenschlichkeit“ gastierten die Mühlhäuser Gymnasiasten in der Partnerschule in Münster.
- „Hoher Besuch – Thomas Müntzer in Mühlhausen“ (1994): Das Stück erlebte eine Aufführung in der Gaststätte „Zum Bundschuh“.
- „Der Froschkönig“ (1995): Dulinski hatte einen Teil der Handlung des Märchens in die Gegenwart verlegt (Zirkus). Im Auftrag der Mühlhäuser Museen wurde das Märchenspektakel vor historischer Kulisse am Brunnenhaus in Popperode aufgeführt.
- „Kafka“ (1996): Das „Stück über Missverständnisse, Unverständnisse, Dunkelheit und wenig Hoffnung“ führten die dreizehn Darsteller im Rahmen des Modellversuchs „Herkommen – Hinhören“ in Erfurt und zu den 4. Schultheatertagen in Mühlhausen auf.

Peter Dulinski mit Schülern nach der Aufführung „Froschkönig“ (Foto: Sammlung P. Dulinski)

- „Der Steppenwolf“ (1998): In diesem Spiel wurden Sokrates, Goethe und Jesus bemüht, die am Glücksrad des Todes drehten. Das Stück, eine sehr feine freie Adaption nach der Romanvorlage von Hermann Hesse, richtete sich gegen kleinbürgerliche Spießigkeit, Borniertheit und die sich immer mehr ausbreitende Zufriedenheit mit Mittelmaß und Durchschnitt.

„Hoher Besuch – Thomas Müntzer in Mühlhausen“ (Schlussbild nach der Aufführung) (Foto: Sammlung P. Dulinski)

- „Müntzer – ein Spiel“ (2000): Die Szenencollage wurde unter Leitung der 3K-Werkstatt mit Gymnasiasten und der Mühlhäuser Werkstatt für Behinderte einstudiert. In der Marienkirche erlebte sie anlässlich des 475. Jahrestages des Bauernkrieges ihre Uraufführung und wurde als „optischer und akustischer Lekkerbissen“ bezeichnet.
- „Die unendliche Geschichte“ (2002, nach Michael Ende): Gymnasiasten und Patienten der sozialtherapeutischen Station des damaligen Landesfachkrankenhauses Pfafferode spielten gemeinsam.

Szene „Die unendliche Geschichte" mit Atreja und kindlicher Kaiserin (Foto: Sammlung P. Dulinski)

- „Performance" oder „Demonstrationskunst ist seit Ende der sechziger Jahre die Bezeichnung für die gestischtheatralische Aktion eines Künstlers, bei dem das Publikum nur zusieht und nicht einbezogen wird."

Peter Dulinski gestaltete auch etliche Perfomancen, wie: „DADA – expressives Chaos" (1994), „Katrin und ihre Freundinnen" (1997), „Cornelia Goethe – kleine Schwester – großer Bruder" (1998), „Paulskirche" (2004) und „Woyzeck – born in the GDR" (2004). Auf drei Performancen Peter Dulinskis sei besonders verwiesen:

„Seit die Götter ratlos sind" (1995): Die Berliner Autorin Kerstin Jentzsch las aus ihrem gleichnamigen Erstling. Die Gymnasiasten nahmen dies zum Anlass, ein Begleitspiel rund um Griechen, Götter und die neue deutsche Wirklichkeit zu inszenieren. Die Theatertruppe arbeitete zusammen mit dem Kunstkurs der Kunsterzieherin am Tilesius-Gymnasium Juliane Döbel.

„DADA-Projekt" (Wettbewerb zwischen Schreibmaschine und Nähmaschine) (Foto: Sammlung P. Dulinski)

„Die unendliche Geschichte" (nach der Premiere im Treppenhaus des Tilesius-Gymnasiums) (Foto: Sammlung P. Dulinski)

Finale der Aufführung „Sind die Götter ratlos" (links die Autorin Kerstin Jentzsch)

- „Altenbourg und Friends" (2001): In der szenisch-musikalischen Collage nahm Dulinski Bezug zum Leben und Werk dreier ausstellender Thüringer Künstler. Deren Werke wurden in der Museumsgalerie Allerheiligenkirche unter dem Titel „Dreiklang" ausgestellt. Es waren Gerhard Altenbourg, Alfred T. Mörstedt und Philip Oeser.
- „Faustische Frauenpower – oder Wer ist die Schönste im ganzen Land" (2005): Die Mühlhäuser Museen eröffneten im Mai die Ausstellung „Bilder + Bücher – Brücken zwischen Kunst und Literatur" in der Museumsgalerie Allerheiligenkirche. Gymnasiasten des Tilesius-Gymnasiums führten erfolgreich das Stück „Faustische Frauenpower" auf. Dulinski warf provokant die Frage auf nach dem Hegelschen Prinzip der relativen Gleichwertigkeit entgegen gesetzter Prinzipien, hier am Beispiel der Tradition und der Moderne. Im Zentrum stand der Problemkreis: „Frau Tradition oder Frau Moderne?".

Die genannten und ungenannten Dulinski-Stücke und -Perfomancen erlebten in den letzten fünfzehn Jahren Aufführungen vornehmlich in Mühlhausen, aber teilweise auch in Eschwege, Erfurt, Münster, Sömmerda, Gera und Frankfurt / Main.

Anmerkungen:

- - : Die Gesellschaftstheater in Mühlhausen 1839 bis 1866 (Stadtarchiv Mühlhausen/Thür., Nr. 11/261/17)

Fechner, Dieter: Einstige Schiller-Ehrungen in Mühlhausen, in: TA / MA, 30.04.2005

Dulinski, Peter: Zeitungsausschnitte, Fotos und anderes von den Aufführungen

3K – Kunst, Kultur, Kommunikation e. V. – eine neue kulturelle Größe

Seit den neunziger Jahren machen im Freistaat Thüringen mehrere, höchst lebendige Amateurtheater auf sich aufmerksam, wie in Jena, Gera, Erfurt, Rudolstadt, Weimar, Kölleda, Nordhausen und Mühlhausen. In fast fünfzehn Jahren mauserte sich „3K“ in Mühlhausen – dank

„Der Falke“ von Marie Laberge – ein den Unterricht begleitendes Angebot, ein Theaterbesuch und anschließend ein Gespräch mit einer Jugendrichterin. (Foto: Archiv 3K)

der phantasievollen, lebendigen Inszenierungen und zahlreicher anderer Aktivitäten – zu einer anerkannten, festen kulturellen Größe in Mühlhausen und weit darüber hinaus. Im Zentrum der jugendkulturellen Leistungen stehen die erfolgreichen Theaterveranstaltungen. Jugendliche spielen für Kinder und Erwachsene. Es geht dem Verein um ein jugendkulturelles Konzept, in dem eine wertvolle präventive Arbeit mit Jugendlichen geleistet wird. Ein Beispiel ist das Stück „Der Falke", in dem die Problematik der Jugendkriminalität nachhaltig aufgegriffen wird. Die Theatertruppe „3K" etablierte sich zum festen Bestandteil in der Mühlhäuser Kulturszene und strahlt weit über die Grenzen des Freistaates Thüringen aus.

Am 1. August 1991 gründeten junge Leute im Verein „Arbeiten und Lernen in Mühlhausen e. V." das Projekt „3K". Mitte Dezember 1991 brachte diese Gruppe die erste Premiere „UBU König" von Alfred Jarry heraus. Am Mühlhäuser Jugendtheater inszenierte man seither nach literarischen Vorlagen Stücke von Hans Sachs, Shakespeare, Goldoni, Dürrenmatt, Jewgeni Schwarz, Ken Campell, Dario Fo und vielen anderen. Im August 1992 übernahm der erfahrene Theatermann Bernhard Ohnesorge (Jg. 1944), der auch Pädagoge für Kunsterziehung und Deutsch ist, die Leitung. Er hatte in der Landeshauptstadt Erfurt das Puppentheater im „Waidspeicher" mit aufgebaut. Die Theaterwerkstatt in Mühlhausen mauserte sich schnell, dank der phantasievollen, lebendigen Inszenierungen des rührigen und engagierten Theater-Prinzipals Ohnesorge. Man spielte zunächst vorwiegend im Stadtjugendhaus, aber auch im Rathaussaal und Syndikatshof in der Neuen Straße. 1993 gründete sich eine Jugendtheatertruppe, die besonders mit der Inszenierung „Der Drache" von Jewgeni Schwarz erfolgreich war, mit der man in Erfurt und Nordhausen gastierte. Im gleichen Jahr brachte Ohnesorge Rolf Schneiders Ein-Personen-Stück „Bewerbungen" auf die Bühne. Auch Gastspiele von gleich gearteten Jugendeinrichtungen aus anderen Regionen bereicherten den Spielplan in Mühlhausen. Werfen wir einen Blick auf den Spielplan von „3K" im November 1994. Die Theaterwerkstatt bot an: „Ritter, Drachen und andere Spielchen", „Frank und Stein", „Erzählermützenholz", „Zoogeschichte" und "Der gestiefelte Kater". Im 3K-Kino im „Kaff" standen auch USA-Filme auf dem Programm, wie: „Der Club der toten Dichter" (1989) und „Zur Hölle Mrs. Love" (1990), mit denen man auch in Kaisershagen und Leinfelde unterwegs war.

Workshops mit Präsentationen der Ergebnisse sind ein wichtiges Arbeitsfeld des 3K e. V., hier eine Workshoppräsentation „Textiles Gestalten“ der Litauisch-Deutschen Begegnung. (Foto: Archiv 3K)

1995 hatte Athol Fugards Zwei-Mann-Stück „Die Insel“ als Gemeinschaftsproduktion mit dem Jugendclub Nordhausen Premiere. Mit diesem nahmen die Nordhäuser und Mühlhäuser am Deutsch-Polnischen Jugendtheatertreffen 1997 in Krakau und am 1. Internationalen Amateurtheatertreffen 1997 in Krasnogorsk teil.
Vielfach konnten die „3K“-Leute aus Mühlhausen an landes- und bundesweiten Wettbewerben erfolgreich teilnehmen. Bereits bei den 4. Thüringer Kinder- und Jugendtheatertagen 1995 errangen die Mühlhäuser Mimen mit „Ein Sommernachtstraum“ von Shakespeare den 2. Preis. Ein Jahr später beteiligten sie sich mit diesem Stück am 17. Bundeswettbewerb „Jugend spielt Theater“ in Berlin. Dafür hatten sich 180 Jugendtheatergruppen aus ganz Deutschland beworben. Am Endausscheid beteiligten sich nur zehn. Unter diesen waren die Mühlhäuser ein zweites Mal an diesem gesamtdeutschen Wettbewerb dabei. Zwei Jahre vorher waren sie bereits mit dem „Drachen“ ins Finale gelangt. Im ersten Halbjahr 1996 gab das Mühlhäuser Jugendtheater 84 Vorstellungen, unter anderem „Ferdinand ein Stier“ mit 19 Aufführungen und „Zwerg Nase“ mit 15 Vorstellungen.

Im Oktober 1997 wurde aus dem Projekt 3K der Verein „3K – Kunst, Kultur, Kommunikation e. V.“ gegründet. Er sieht – wie vorher auch das Projekt 3K - seine Aufgaben darin, „das kulturelle Ambiente der Stadt Mühlhausen zu bereichern. Dabei werden bewusst Tendenzen soziokultureller Arbeit genutzt, um künstlerische Aktivitäten der Jugendlichen zu Angeboten passiven und aktiven Kunstgenusses für alle Generationen zu entwickeln und kulturelle Initiativen in der Stadt Mühlhausen zu vernetzen.“ Dies bezeugen unter anderem Veranstaltungen, wie die Reihen „Gastspiel des Monats“, „Mitternachtsparty“, „Mühlhäuser Theaternacht“ und „Kalimba“, aber auch Kinder- und Straßenfeste, Buchlesungen, Kabarettveranstaltungen und Auftritte bei Ausstellungseröffnungen. Der Theater-Chef Ohnesorge konnte für das Jahr 1997 bilanzieren, die Goldoni-Inszenierung „Diener zweier Herren“ sei einer der Höhepunkte jenes Theaterjahres gewesen. Absolute „Renner“ bei den Eigenproduktionen waren: „Der Teufel mit den drei goldenen Haaren“ (nach den Brüdern Grimm) mit 25 Vorstellungen.

„Ferdinand – ein Stier“ von Gerd Kloppe, nach dem Kinderbuch von Munro Leaf – ein Stück mit 50 Vorstellungen von 1995 bis 1998, eine sehr erfolgreiche Inszenierung für Kinder – gespielt von den Mitgliedern der Jugendtheatertruppe. (Foto: Archiv 3K)

Dürrenmatts „Besuch der alten Dame“ erlebte 13 Aufführungen. Von Jewgeni Schwarz' „Der Drache“ – des ersten großen, über die Region hinaus strahlenden Erfolges – bis zu dem hintergründigen Stück von Dario Fo „Misterio Buffo“ – der 25. 3K-Inszenierung – war es für die Theatertruppe allerdings ein weiter Weg. Von 1991 bis 1998 konnte man bei „3K“ auf insgesamt 21 Premieren verweisen, wie etwa „Der gestiefelte Kater“ mit seinen 115 Aufführungen im Jahr 2000. Das Stück „Frank und Stein“ von dem englischen Humoristen Ken Campbell, dessen Szenen skurrilwitzig bis grotesk-komisch ausgelegt wurden, erreichte mit 44 Vorstellungen Kultstatus. 1998 ging „Ludwigslust“ von Florian Felix Weyh erfolgreich über die Bretter. Im Mittelpunkt stand der Generationskonflikt zwischen alt gewordenen 68-ern und heutigen Jugendlichen.
1999 nahmen die „3K“-Mimen am europäischen Treffen der Amateurtheater in Rudolstadt teil. Auf Grund der überregionalen Popularität und Leistungen von „3K“ wurde Mühlhausen 1999 zum Festspielort der bundesweiten „Schultheater der Länder“ ausgewählt. Jenes 15. Festival veranstalteten die Bundesarbeitsgemeinschaft für das Darstellende Spiel in der Schule e. V., die Landesarbeitsgemeinschaft Spiel und Theater in Thüringen e. V. in Zusammenarbeit mit dem 3K-Kunst, Kultur und Kommunikation e. V. „GeschichteN erzählen“, so lautete das Thema dieses Festivals. Man wollte der Frage nachgehen, „wie erzählen Schultheater heute Geschichte in Geschichten.“ Rund 300 Schüler und 100 Fachtagungsteilnehmer aus Deutschland belebten Mühlhausen, unter anderem aus Aachen, Bad Oldesloe, Berlin, Bremen, Dresden, Frankfurt / Oder, Hamburg, Hünfeld, Kröslin, Magdeburg, Mülheim, Saarlouis, Weimar und Wolfenbüttel. Insgesamt sechzehn sehr verschiedene Theateraufführungen konnten wirkungsvoll an Spielorten in Mühlhausen in Szene gesetzt werden. Neben den Vorstellungen fanden eine Fachtagung und 18 „Werkstätten“ statt. Jeweils zwei Werkstattgruppen unternahmen Tagesfahrten nach Arnstadt, Eisenach, Gera, Jena, Meiningen, Rudolstadt und Weimar. Das Mühlhäuser Schultheater-Festival begeisterte die Akteure und das Publikum. Bernhard Ohnesorge – 3K-Chef und Festival-Gesamtleiter – resümierte als Fazit jener Theatertage: „Es stellt sich die Frage, ob wir nicht unseren Begriff von ‚Geschichte erzählen' verändern müssen.“
Die „Schotte“ in Erfurt und „3K“ in Mühlhausen betrachtete man in Thüringen im Jahr 2000 als die ersten Adressen in der kulturellen Jugendarbeit. Folglich erhielten beide Einrichtungen im Barocksaal der

Staatskanzlei in Erfurt den Thüringer Kulturpreis. Der Mühlhäuser Verein erhielt den Preis „für sein Engagement bei der Belebung und Erneuerung der Thüringer Kulturlandschaft verliehen. Mit einem breiten Angebot für die künstlerische Ausbildung von Kindern und Jugendlichen und Inszenierungen auf beachtlich hohem Niveau hat sich der Verein einen ausgezeichneten Ruf, auch über die Landesgrenzen hinaus, erworben.“ Die 3K-Theaterwerkstatt wurde für Mühlhausen ein Glücksfall. Ebenfalls 2000 erhielt der Kulturverein die Ehrenmedaille der Stadt Mühlhausen „Otto II.“, die Oberbürgermeister Hans-Dieter Dörbaum überreichte. In der Laudatio hieß es, die Theaterwerkstatt wirke „als kultureller Botschafter weit über die Kreisgrenzen hinaus.“
2001 konnte die Theaterwerkstatt „3K“ ihr zehnjähriges Jubiläum unter dem Motto „Viel Lärm um nichts?“ begehen. In neun Jahren hatte das Laientheater über 800 Theateraufführungen, dazu Schultheatertage, Spielaktionen, Workshops, Mitternachtsfeiern, Kinderfaschingsfeiern und vieles andere geboten.
Im zehnten Theaterjahr gastierten das Erfurter Theater mit „Razz, Fazz, Zzwo“ und der theaterspielladen Rudolstadt mit „Der Meister und Margarita“ in der Mühlhäuser Spielstätte. Die Theaterwerkstatt „3K“ brachte 2001 „Medea-Stimmen“ nach dem Roman von Christa Wolf heraus. Ferner präsentierten sich die Mimen mit einer Neuinszenierung von Jewgeni Schwarz’ Stück „Das gewöhnliche Wunder“. Ohnesorge begriff es in seiner Inszenierung „als Ausdruck einer allumfassenden Sehnsucht nach dem guten und schönen und normalen Leben“ (Michael Helbing). Die Mühlhäuser Gruppe gastierte erfolgreich mit „Der kleine Muck“ (nach Wilhelm Hauff) in Marokko zu einem Theaterfestival. Der Bundesverband Deutsches Amateurtheater verlieh Bernhard Ohnesorge die Goldene Ehrennadel.
Im März 2001 wurde im Mühlhäuser „Ratskeller“ die Stiftung für Kunst und Kultur „Die Kilianikirche“ gegründet, die eine breite Resonanz fand. Diese stellte sich das Ziel, leerstehende Gebäude zu einer Stätte „vielfältiger kultureller und künstlerischer Begegnungen“ zu sanieren, auszubauen und umzugestalten, um sie letztlich als neue Spielstätte zu nutzen. Zu den Gründungsmitgliedern zählten neben dem 3K-Chef Bernhard Ohnesorge, der Rechtsanwalt Carsten Oehlmann, Oberbürgermeister Hans-Dieter Dörbaum und andere Persönlichkeiten, aber auch Unternehmen und Institutionen. Das Architekturbüro Hermann & Sidgi schuf die Grundlagen des Projekts. Die weiteren Arbei-

„Müller – Mühlen – Spiel – Spaß – Garten". Die bei vielen Festen beliebte Spielaktion – Basteln, Wettkämpfe und Spielen unter einem bestimmten Thema. (Foto: Archiv 3K)

ten übernahm das Architekturbüro Hose. In der ersten Konzeption war vorgesehen, der Besucher werde künftig durch einen Treppenturm mit Aufzug, eine filigrane Stahlkonstruktion neben dem Kirchenschiff, in die Kilianikirche geführt. . . . Die eingezogene Zwischendecke stellt sich wie ein Tisch in das Kirchenschiff und sollte damit statisch unabhängig vom Kirchenmauerwerk sein. In der unteren Ebene befinden sich ein Cafe', die Garderoben und Toiletten. Die neue Spielstätte wird 100 bis 140 Zuschauern Platz bieten. Die Kosten veranschlagte das Architekturbüro mit rund vier Millionen DM. Diese sollten zu 25 Prozent aus Eigenmitteln mit Hilfe der Stiftung, zu 25 Prozent aus der Städtebauförderung und zu 50 Prozent aus Bundesmitteln aus dem Naumann-Programm aufgebracht werden.

Auf diese Weise wird die bereits 1280 urkundlich erwähnte Kirche und eine der ältesten Mühlhäuser Kirchen architektonisch eine Art Wiederauferstehung erleben und zu einer kulturellen Spielstätte. Das einstige Gotteshaus soll zu einer dauerhaften, ansprechenden Wirkungsstätte

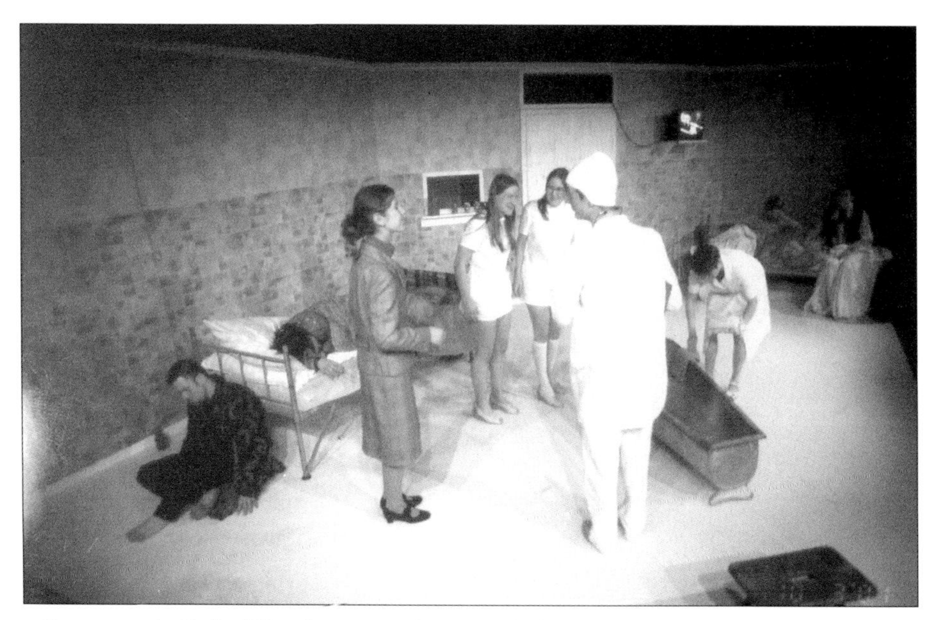

„Das gewöhnliche Wunder“ von Jewgeni Schwarz, die Inszenierung zum 10-jährigen Bestehen des 3K e. V. Das Märchen wurde sehr häufig präsentiert und erreichte in 26 Vorstellungen 1 682 Zuschauer. (Foto: Archiv 3K)

der Theaterwerkstatt 3K und zu einem jugend-kulturellen Zentrum werden. Zum Tag des offenen Denkmals am 14. September 2003 war es den Mühlhäusern möglich, die Baustelle zu begehen und sich über die Ausgrabungen im Kirchenschiff zu informieren. Unter anderem mit einem „Kiliani-Puzzle“ versuchten die 3K-Leute, den finanziellen Eigenanteil aufzubringen. Jeder der 10 000 Puzzle-Teile kostete mindestens einen Euro.

Im Funktionsgebäude neben der Kilianikirche traten im Dezember 2003 zu Gastspielen auf: das MAGMA-Theater Spandau mit „Die Stühle“ und das Theater Tom Teuer aus Duisburg mit Wilhelm Hauffs „Zwerg Nase“. Während des 8. Thüringentages 2003 übergab die damalige Thüringer Kunstministerin Professor Dr.-Ing. Dagmar Schipanski den 3-K-Leuten den Funktionsbau an der Kilianikirche. Ende November 2003 informierten sich Landtagsabgeordnete über die Arbeit beim Mühlhäuser Verein „3K“. Theaterchef Ohnesorge berichtete den Parlamentariern, dass die Mimen und Mitwirkenden seit Beginn mit 38 inszenierten Stücken in über 1 000 Aufführungen 130 000 Besucher

Kilianikirche mit Denkmal „Landsturmbataillon", 1969 abgebaut (Sammlung Stadtarchiv Mühlhausen/Thür.)

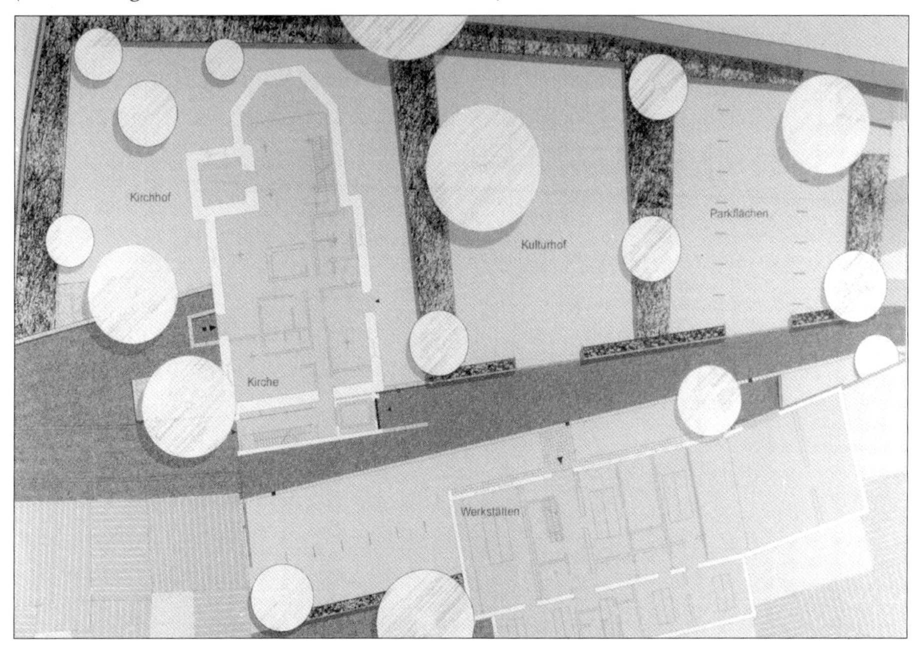

Grundriss aus dem Nutzungskonzept Kilianikirche, Architekturbüro Hose

nachhaltig begeisterten. Somit entwickelte sich der Kulturverein „zu einem Botschafter jugendkultureller Leistungen des Territoriums im Land Thüringen und darüber hinaus.“
Der Funktionsbau der 3K-Spielstätte – die ehemalige Auto-Werkstatt - sollte zunächst bis zum Thüringentag Anfang Oktober 2003 fertig gestellt sein. Dann wollten die Akteure von 3K in der 13. Spielzeit auf dem Areal des Kiliani-Vorhofes einziehen. Ursprünglich wollten sie am 25. Oktober aus dem Stadtjugendhaus in die neue Spielstätte umziehen. Als letztes Stück in der bisherigen Spielstätte bot man am 19. September „Der kleine Prinz“. An der Mühlhäuser Kirmes 2003 beteiligten sich die 3K-Leute bereits das dritte Mal, in jenem Jahr mit einer Bastelwerkstatt unter dem Motto „ . . . und ringsum viel blaues Mee(h)r“. In den Werkstatträumen im Stadtjugendhaus stellten Kinder große Fantasiefiguren aus Stoffresten, Papier, Draht und anderen Utensilien her. In der Kirmeswoche bewegte sich ein langer Zug mit den fabelhaften Figuren übcr Blobach, Herrenstraße, Steinweg und Linsenstraße zum Kristanplatz, auf dem ein buntes Programm geboten wurde. Zum Mittelalterstadtfest 2003 in Bad Langensalza stellten die Mühlhäuser Theaterleute die Spielaktion „Ritter, Drachen und andere Spielchen“ vor. Anfang November 2003 nahm die Jugendgruppe von 3K mit der Neu-Inszenierung „Der Drache“ von Jewgeni Schwarz – diesmal mit Puppen – am Puppentheaterfestival für Schüler und Amateure am „Fritz Wortelmann - Wettbewerb“ in Bochum teil. Das Stück wurde in Zusammenarbeit mit Schülern der Petrischule inszeniert. Die Mühlhäuser erhielten in Bochum einen Sonderpreis des „Fritz-Wortelmann-Wettbewerbs“.
Im September 2004 unterstützte als 80. Stifter ein Unternehmer aus der Universitätsstadt Gießen das Projekt Kilianikirche. Eine willkommene Sachspende waren im gleichen Jahr die Dachziegel für das 700 Quadratmeter große Kirchendach, die die regionale Firma Creaton stiftete. Die Gesamtinvestition bezifferte man neuerdings auf etwa 2,7 Millionen Euro. Die Hälfte davon bezahlen Bund und Land. Doch der Kiliani - Stiftung fehlten zu jener Zeit noch 156 000 Euro an Eigenmitteln. Andererseits waren 213 000 Euro aufgebracht worden.
Der Leiter der Mühlhäuser 3K-Theaterwerkstatt Bernhard Ohnesorge beging Ende 2004 seinen 60. Geburtstag. Seit 1992 hatte er in Mühlhausen 41 Inszenierungen erfolgreich „auf die Beine gestellt“ . Theater – so gestand er einmal – sei seine besondere Leidenschaft und seine

besondere Schwäche. In all den Jahren war er „Intendant und Kartenabreißer, Regisseur und Beschaffer von Putzlappen, Manager und Telefonist. . . . Mit Leib, Seele und oft mit großem Herzschmerz widmete er sich ihr (der 3K-Kulturarbeit), gab ihr Antlitz, Charakter und Ausstrahlung, wie es eine Laienbühne wohl selten erlebt" (Iris Henning). 2004 besuchten exakt 12 717 Kinder, Jugendliche und Erwachsene die insgesamt 161 Vorstellungen und Veranstaltungen der 3K-Theaterwerkstatt in und außerhalb Mühlhausens.
Im April 2005 fand auf der Mühlhäuser 3K-Bühne die Uraufführung des Stückes „Jerry über Bord" von dem in Wuppertal lebenden Autor, Regisseur und Dramaturg Stefan Schroeder statt. Bereits dessen Vorgeschichte „Jerry ist tot" wurde im November 2002 erstmals bei „3K" gespielt. Der Mühlhäuser Verein richtete im gleichen Jahr zum 13. Mal die „Regionalen Schultheatertage des Unstrut-Hainich-Kreises" aus. Andererseits fand in Mühlhausen die Weiterbildung für Lehrer im Fach „Darstellen und Gestalten" statt. In der Spielstätte von 3K boten sechzehn Lehrer ihre Abschlusspräsentation. Mit dem Jugendstück „Klamms Krieg" von Kai Hensel inszenierte Ohnesorge ein besonders aufwühlendes und provozierendes Stück. Erzählt wird die Geschichte eines Lehrers, dem sich die Schüler verweigern. Ein schwelender Konflikt um Schüler-Lehrer-Verhältnis, um Schuld und Sühne, Täter- und Opferrolle stand im Mittelpunkt. „Klamms Krieg" war in der Spielzeit 2003/04 deutschlandweit mit 31 Inszenierungen das meistinszenierte Drama.
Anfang Juli 2005 fand das Richtfest für die künftige Spielstätte St. Kiliani mit dem Thüringer Kultusminister Professor Jens Goebel statt. Er lobte den Mühlhäuser Bürgerwillen: „So etwas hat es in Thüringen noch nicht gegeben." Heute sei „3K" deutschlandweit bekannt. Der Vorsitzende des Vorstands der Kiliani-Stiftung Carsten Oehlmann nannte die 3K-Institution „eine kulturelle Ikone mit Strahlwirkung weit über unsere Kommune hinaus". Einen goldenen Nagel schlugen nacheinander in den Dachstuhl der Kirche: Minister Jens Goebel, Bürgermeister Peter Bühner und Landrat Harald Zanker. Zum Tag des offenen Denkmals am 11. September 2005 hatten die Mühlhäuser wiederum die Gelegenheit, sich vom Baugeschehen der künftigen Theaterspielstätte zu überzeugen.
Die bereits 15. Spielzeit von 3K eröffnete man im Funktionsgebäude mit „6. Tag, 2. Versuch". Für den 19. bis 25. September 2005 initiierte man eine Internationale Jugendbegegnung und ein Fest für Kinder und die ganze Familie. Dafür zeichneten verantwortlich die LAG Spiel und

Richtfest der umgebauten Kilianikirche. Am 10. Juni 2005 wurde von Minister Professor Jens Goebel, Landrat Harald Zanker, Bürgermeister Peter Bühner und Herrn Carsten Oehlmann, dem Stiftungsvorsitzenden der Stiftung „Die Kilianikirche – Stiftung für Kunst und Kultur", der goldene Nagel in das Gebälk des Kilianikirchdach eingeschlagen. (Foto: Archiv 3K)

Theater in Zusammenarbeit mit 3K e. V., dem Deutschen Frauenring und der Regionalvertretung von UNICEF. Es wurden ca. 40 Teilnehmer aus Frankreich, Litauen, Polen und Deutschland erwartet. In Workshops arbeiteten sie zu den Themen Bildende Kunst, Theater/Pantomime, Klang, Tanz und Foto/Video. Die Ergebnisse der Workshops sollten am Schluss präsentiert werden. Ende 2005 vergab die Wirtschaftsinitiative Westthüringen e. V. auf der Wartburg den „Förderpreis 2005", für den sich 48 Bewerber mit sehr unterschiedlichen Projekten beworben hatten. Zwei der dritten Preise gingen nach Mühlhausen. „3K" überzeugte die Jury mit dem geplanten Projekt zum 200. Geburtstag von Johann August Röbling, der in Mühlhausen geboren wurde. Resümierend ist zu diesem Rückblick über die Entwicklung und Geschichte von 3K zu bemerken, dass diese nur ansatzweise vorgestellt werden konnte.

Ein letzter Spaziergang war auf der Baustelle „Kilianikirche“ am 28. Mai 2006 möglich, um unter anderem das schöne konservierte barocke Deckengemälde zu betrachten und sich von dem fast vollendeten Innenausbau zu informieren. Die Besucher werden den Theatersaal von Osten her erreichen oder Behinderte über einen Fahrstuhl, während die Darsteller auf der Bühne an der Westseite agieren werden. Die neue Spielstätte mit 150 bis 200 Plätzen wird am 23. September 2006 feierlich übergeben. Auf diese Weise wird wieder ein Kirchenbau erhalten und kulturell genutzt.
Von den einst fünfzehn gotischen Kirchen in Mühlhausen sind noch elf vorhanden. Nur fünf werden in der Gegenwart für Gottesdienste benötigt. Drei wurden Museen: Marien-, Kornmarkt- und Allerheiligenkirche. Die Jakobikirche ist seit dem Frühjahr 2004 Stadtbibliothek. Das Terrain der Antoniuskapelle in der Holzstraße ist Teil einer alternativen Jugendherberge.

A n m e r k u n g e n:

- *Ohnesorge, Bernhard: persönlich vorgetragene Fakten*
- *Fechner, Dieter: Das Projekt 3K in Mühlhausen, in: Palmbaum, 3/1994, S. 106*
- *Helbing, Michael: Märchen in der Klapse, in: Thüringer Allgem., 14.03.2001*
- *Henning, Iris: Fabelhafte Figuren aus der Tiefe des Meers, in: TA, 29.08.2003*
- *- : Baustellenbegegnung Kilianikirche, in: MOMENT, 09/2003, S. 9*
- *Richar, Joachim: Bis zur europäischen Dimension von Kultur, Bildung . . . , in: Unsere Neuen Zeitung, 25/26/2003*
- *Fechner, Dieter: Gewürdigt mit dem Thüringer Kulturpreis, in: Thüringer Allgem. / Mühlhäuser Allgem., 08.05.2004*
- *Henning, Iris: Mann mit Herzschmerz, in: TLZ, 20.12.2004*
- *Albrecht, Dieter: Goldener Nagel, in: TLZ, 11.07.2005*
- *Baller, Michael: Zwei von drei Preisen gingen nach Mühlhausen, in: TLZ, 26.11.2005*
- *Fechner, Dieter: Die „Theatergruppe 3K“ in Mühlhausen, in: Palmbaum, 3/4/2005, S. 65*

Dieter Fechner Bücher
im Verlag Rockstuhl

Mühlhäuser Brunnenfest
- seit 1605 -

Dieter Fechner, Alljährlich im Juni - Geschichte der Brunnenfeste in Mühlhausen in Thüringen. Ein Überblick über 400 Jahre Schul- und Heimatfest, 96 Seiten, 61 Fotos, 11 Zeichnungen

ISBN 3-937135-77-4
ISBN 978-3-937135-77-9

Literarisches Mühlhausen

Dieter Fechner, **eine kleine regionale Literaturgeschichte** 184 Seiten, 108 Fotos, 16 Zeichnungen

ISBN 3-937135-91-X
ISBN 978-3-937135-91-5